THE ATHLETIC CHEF'S
BI-KIN RECIPES
アスリートシェフの
美筋レシピ

美しく強い筋肉を磨き上げる

　前著『チキンブレストレシピ』では、加熱でパサつきがちな、どちらかというとネガティブなイメージの鶏むね肉を集中的に取り上げ、和洋中のさまざまな料理をご紹介しました。

　疲労回復効果があり、高たんぱく低カロリーで低脂肪、そしてなにより経済的である鶏むね肉は、日々鍛えているみなさんの食卓に、もっと取り入れていただきたい食材です。その特性を知り、使いこなすコツをマスターすれば、十分に普段使いできるはずです。鶏むね肉のネガティブなイメージを払拭していただけたのではないかと思っています。

　本書はその第2ステップとして、良質なたんぱく質と必須アミノ酸を表す数値である"アミノ酸スコア"に着目し、鶏むね肉と同じようにスコアが高い食材を使った料理の数々を紹介しました。

　数値の高い食材といっても何も特殊なものではなく、今までみなさんが普段口にしてきた食材の中に答えがあります。料理人としてそれらの食材に改めて向き合って、ご家庭でもおいしくつくっていただけるような手軽なレシピに再編集しました。

　美しい筋肉を手に入れ、手に入れた筋肉を磨き上げるために良質なたんぱく質を摂取するという目的だけであれば、プロテインパウダーやサプリメントを摂ればいいのでしょう。しかし美味しい食事なくしては味気無い食生活になってしまい、ヘルシーでアクティブなライフスタイルを送るという本来の目的を続けていくことが難しくなってしまいます。

　トレーニングを重ね、筋肉組織の破壊と回復をくり返すことで、筋肉量が増え、必要な形に変わっていく、まさにそのときに、何をどのくらい食べればよいのか。まだこれに対する明確な答えはありませんが、筋肉を美しくつける、保つ、磨き上げていく、それぞれの理想形に向かう中で本書を役立てていただければ、これほどの幸せはありません。

　身体の声を聴き、自分や家族、友人のために吟味した食材で料理し、分かち合う楽しい時間を過ごすとき、長く活用していただける一冊となることを願っております。

2018年3月
レストランオギノ
荻野 伸也

CONTENTS

アスリートシェフ
トレイルランニングと登山に挑む　6

手づくりの補給食・行動食　11

美筋づくりのために　12

アミノ酸スコアってなに？　16

BI‑KINに効く
野菜のガルニチュール　18

カリフラワーのクスクス／ブロッコリーとハム／ジャーマンポテト／人参のサラダ／ほうれん草のソテー／キノコのソテー／ひよこ豆のファラフェル／コールスロー

EGG

半熟玉子とかたゆで玉子　20

● ゆで玉子の展開

カラフルソースを添えて　21

オーロラ玉子サンド　22

ブロッコリーのサラダ　23

BBQエッグ　24

味つけ玉子　25

醤油味／カレー味／エスニック風

ミモザサラダ　26

ポーチドエッグ　28

● ポーチドエッグの展開

ニース風サラダ　29

湯煎でつくる
簡単スクランブルエッグ　30

● スクランブルエッグの展開

スパゲティ カルボナーラ　31

炒り玉子の三色丼　32

温泉玉子　33

具だくさん
スパニッシュオムレツ　34

CHEESE

[カマンベールチーズ]

生ハムで包んだ
カマンベールのソテー　36

カマンベールチーズの
トマト煮込み　37

[ブルーチーズ]

リンゴとブルーチーズ、
クルミのサラダ　38

ブルーチーズとチキンの煮込み　39

[シュレッドチーズ]

豚こま肉とチーズの
ホットサンド　40

鶏むねのピッツァ仕立て　42

お家でチーズフォンデュ　43

[パルメザンチーズ]

じゃこと大根の葉の
チーズリゾット　44

シーザーサラダ　45

YOGURT/MILK

ラッシーの
フルーツバリエーション　46

スムージー　47

BEEF

サーロインステーキ　48

● ステーキの展開

ステーキサンドイッチ
BBQソース　52

ステーキ丼　53

[牛こま肉]

ハヤシライス　54

プルコギ丼　56

牛丼　57

[牛挽肉]

筋肉に効く ビーフハンバーグの
トマトチーズ焼き　58

ミートソース　60

● ミートソースの展開

スパゲティ ミートソース　62

ムサカ　62

ラザニア　63

タコスミート　64

● タコスミートの展開

タコスラップサンド　65

PORK

[豚ロース肉]

ポークジンジャー　66

豚ロースのピカタ　68

[豚こま肉]

豚肉の生姜焼き　69

豚キムチ風　70

ホイコーロー風　71

冷しゃぶサラダ　72

酢豚風炒め物　73

[豚挽肉]

肉みそ　74

● 肉みその展開

麻婆豆腐　75

お肉のパテ　76

ミートボール　78

CHICKEN

[鶏もも肉]

チキンオーバーライス　80

鶏もも肉のカリカリ焼き
ネギソース　82

[鶏手羽]

鶏手羽元の糸こんにゃくフォー　83

鶏手羽元と玉子の醤油煮　84

[鶏むね肉]

チャーシュー風サラダチキン　85

鶏むね南蛮　86

[鶏挽肉]

鶏ミンチドライカレー　87

ガパオライス　88

つくね風チキンハンバーグ　89

[鶏レバー]

鶏レバームース　90

鶏レバーの赤ワイン煮　92

LAMB

[ラム肉]

ジンギスカン　94

ラムチョップのスパイス焼き　95

FISH

[いわし]

いわしとジャガイモのサラダ　96

[さば]

さばとトマトのチーズグラタン　98

[さんま]

さんまの蒲焼き丼　99

[まぐろ]

まぐろづけ丼　100

ネバネバ丼　101

ポキ　102

アボカドユッケ　103

[さけ・サーモン]

塩鮭ドリア　104

サーモンとクリームチーズのパテ
カナッペ仕立て　106

[白身魚]

アクアパッツァ　107

蒸し魚のタイ風ソース　108

たっぷり野菜と白身魚の
エスカベッシュ　109

[ほたて貝]

ほたてのカルパッチョ
グレープフルーツ添え　110

カルパッチョに熱いソースをかけて
半生風に　111

[えび]

えびとブロッコリーのグラタン　112

えびとカリフラワーの
ミモザサラダ　114

SOYBEAN/TOFU

[水煮]

チリコンカン ソーセージ添え　116

モロッコ風豆のサラダ　117

豆のスープ チリ風味　118

[豆腐]

豆腐のディップソースと生野菜　119

撮影／天方晴子
デザイン／矢内　里
編集／佐藤順子

COLUMN

VOL.01　「アミノ酸スコア」「プロテインスコア」「たんぱく質の消化吸収率によって補正したアミノ酸スコア（PDCAAS）」ってどう違うの？　27

VOL.02　アミノ酸スコアを上げるためにはどのように素材を組み合わせたらいいの？　35

VOL.03　生と加熱、たんぱく質の変性によって体への効果は違う？　79

VOL.04　どのようにトレーニングしたら効果的？　93

VOL.05　三世代をとおして　115

著者紹介　120

凡 例

●材料は2人前を基本とします。料理写真は1人前の場合もあります。

●栄養計算はことわりのないものは、1人前の計算としました。例外としてレシピ全量を載せたものもあります。またわかりやすくカロリーとして表記した数字はエネルギー値のことです。

●ご飯メニューについては、ご飯の分量は好みで変更できるよう、栄養計算には入れていませんので、それぞれの料理に、好みのご飯の分量の数字を加えて計算してください。

ご飯50g：84 kcal　1.3 g　18.4 g

ご飯100g：168 kcal　2.5 g　36.8 g

ご飯150g：252 kcal　3.8 g　55.2 g

●バターはすべて無塩バターを使用しました。パルメザンチーズはすりおろしたものを使用しました。

THE ATHLETIC CHEF'S TRAIL-RUNNING and MOUNTAIN-CLIMBING

アスリートシェフ
トレイルランニングと登山に挑む

トレイルランニングってどんな競技ですか？

トレイルランニングは、未舗装の林道や登山道をできる限り軽装備で速く走り抜けるというものです。

一般登山者の標準的なコースタイムの半分以下で駆け抜けることも珍しくありません。そのスピード感と達成感、そして山によって、またその季節や天候によってまったく違う表情を見せる大自然の中を駆け抜ける爽快感は、マラソンでは味わえない、まったく異なるスポーツです。

私の場合はそこに登山（登頂を目的とする）の要素が加わり、一般的に1泊2日かけるような縦走登山を午前中だけで駆け抜けるようなことをしています。

【 トレーニング 】
トレイルランニングと登山を始めたきっかけは？

私は30歳から10年間、ロングトライアスロンのレースに出場しています。トレイルランニングはもともとトライアスロンのためのトレーニングとして始めたんです。トライアスロンのシーズンが終わった秋口から春にかけて、山岳地域の未舗装路や登山道を走ります。

まず舗装路の峠道を自転車で行けるところまで行ってランニングシューズに履き替え、登山道をひたすら山頂目指して最速のペースで登り、登頂後すぐに帰ってくるというスタイルでした。

いつしか登頂すること自体に面白さを感じるようになり、色々な山に挑戦するようになったのです。根が凝り性なため、山岳スポーツについて調べていくうちに、どうやらトレイルランニング界隈には50km、100km、400kmと想像を絶する距離と48時間〜1週間という桁違いな時間を走る人がいるらしいということがわかり、持ち前の好奇心とチャレンジ精神に火がついたのです。

元来順位を競ったり、タイムを削っていくスポーツが苦手だった私は、マイペースで取り組める登山やトレイルランニングという大自然と自分との闘いに、どっぷりとハマっていったのかもしれません。

【 トレーニング 】
トライアスロンとトレイルランニングのために必要な筋肉に違いがありますか？

トライアスロンは水泳、自転車、ランニングと全身の筋力と限界までの持久力が問われます。一方登山やトレイルランニングは主に下半身を酷使します。そのため、5kgの荷物をザックに入れたままランニングしたり、階段を上り下りしたり、スクワットをしたりと、下半身の筋肉を徹底的に鍛えます。

ただ、登山で重い荷物を持つということは上半身にも大きな負荷がかかりますから、懸垂や体幹トレーニングを取り入れるようになりました。

持久力はトライアスロンである程度鍛えてきましたが、コースが決まっているトライアスロンとは違い、

THE ATHLETIC CHEF'S
TRAIL-RUNNING and
MOUNTAIN-CLIMBING

登山の場合はサバイバル的要素が加わるため、それに伴う精神力や緊張感は独特のものがあります。

【 トレーニング 】
毎日同じトレーニングを続けたほうがいいのですか？ あるいはメニューを変えていますか？

最近はなかなか時間が取れないので、隙間時間に懸垂や腕立て伏せなどの筋力アップに励んでいます。まとまって時間が取れたときには、長時間動き続けることを意識して、途中何度かスプリントを入れつつ、ゆっくりランニングするか、自転車で長距離を走るようにしています。

なるべく毎日トレーニングすることを心がけていますが、けがをしないように筋肉痛が出ているところは避け、違う筋肉に負荷をかけるようにしています。

トレイルランニングや登山でトレーニングをするときは、なるべく重い荷物（余計な装備）を持って山に登るようにしています。登山道の入り口に山積みされている水のペットボトルを何本かザックに入れて山頂の山小屋まで上げるようなボランティアもしています。

山頂から麓まで一気に駆け下るときにブレーキの役割として酷使する大腿四頭筋は、鍛えることがなかなか難しく、私の場合、ちょっと標高のある山を下るだけでもガクガクになってしまいます。

ここをしっかりと鍛えると、トライアスロンのバイクパート（自転車）で、ここぞというときの頑張りを支えてくれるので、意識して負荷をかけています。

【 食事・栄養 】
トレーニングの強度によって、糖質はどのように調整していますか？

糖質制限というダイエット法が浸透してきましたが、ある程度身体を絞ったら、適度に糖質を摂取しなければトレーニングのパフォーマンスが上がりません。

普段ロードをランニングする程度の練習ならば、スポーツドリンクで十分ですが、山で長時間行動するときは、チョコレートバーやおにぎりなどを多めに持参し、足りなくなる手前で摂るようにしています。

練習の強度というよりは、どれくらい時間をかけるかによって必要な糖質量（エネルギー）が変わってくるため、登る山を決めたら、行動時間を見極め、それによって持っていくエネルギー量を計算しています。

【 食事・栄養 】
レースに必要な筋肉づくりのためのトレーニング前とトレーニング後の食事を教えてください。

最近はそのときに食べたいものを食べていますが、それでもやはり練習前は炭水化物や糖質が多くなります。

トレーニング後は、1～2時間以内にたんぱく質と炭水化物を積極的に摂るのが理想とされています。私の場合は炭水化物5割、たんぱく質2割、脂質3割というイメージで摂っています。

ただしこれは長時間におよぶ激しい有酸素運動後の場合の話です。筋肉トレーニングなどの無酸素運動の後ならば、脂質と炭水化物を抑え気味にして、たんぱく質の比率を増やした食事がよいと思います。

近頃では山を下りるといつも肉料理を食べてますね。意識しているというより、自然と身体が欲しているという感じです。

TRAIL-RUNNING and MOUNTAIN-CLIMBING | 009

THE ATHLETIC CHEF'S
TRAIL-RUNNING and
MOUNTAIN-CLIMBING

　うちのお店にも自転車やランニングの練習帰りに食事にいらっしゃるお客さまが増えてきましたが、しっかり筋肉に負荷をかけたときは、肉料理をしっかり召し上がっていただくようにしています。脂質の少ない赤身の牛肉や鹿肉、仔牛の肉などをおすすめすることが多いです。

　本書で紹介した高たんぱくな食事は、どれもトレーニング後に理想的だと思います。

　余談になりますが、最近レース中に、今、自分の身体は糖質を必要としているのか、あるいは汗で失われたミネラルなのか、または水分なのかがなんとなくわかるようになってきました。

　その結果、そのとき自分が欲しているものを食べることで身体が息を吹き返し、再びパワーがみなぎってくる感覚がつかめるようになってきました。

【 レース 】

長丁場のレース、あるいは登山で受ける一番のダメージは？　それを防ぐための栄養補給は？

　トライアスロンでは12時間以上、登山でも日の出から日没まで行動することが多く、栄養補給には気を遣います。

　どちらも身体、とくに下半身を酷使するため、ガソリンとなる糖質の補給は欠かせません。しかし、ひたすらチョコレートやハチミツを取り続けることはむずかしく、即効性のある単糖類（ハチミツやジェルなど）と、消化に時間のかかる複合糖類（ご飯やパン、野菜や果物などのリアルフード）を分けて摂るようにしています。

　トライアスロンのレースは後半になるとランの上下動で内臓に長時間負荷がかかりますので、かなりダメージが溜まっていきます。

　すると固形物を受けつけなくなり、液体しか摂れないときもあるのです。そうしたときのために、レース序盤は固形物をできる限り摂取し、疲れてきたらジェルや液体状の補給食を摂ることでガス欠を防いでいます。

　登山の場合、登りは息が上がって固形物が食べられないため水分補給だけにして、山頂で一旦しっかりと補給し、その後はなるべくこまめに補給をしながら縦走したり下山したりするように心がけています。

　ハンガーノック（ガス欠）になると判断力や平衡感覚もおかしくなり、重大な事故につながる危険性もあるため、我慢することなくしっかりと補給食を摂るようにしています。

　ちなみに、先日の約50km、累積標高差3600mのトレイルレースでは、ゴールするまでの9時間半の間でエネルギーにして3223kcalを補給しました。

● トレイルランニングレース時の栄養補給（9時間半/50km/標高差3,600m）

	エネルギー kcal	炭水化物 g	たんぱく質 g	脂質 g	ナトリウム mg
おにぎり（梅）4個	704	155.2	13.2	3.2	2388
おにぎり（昆布）4個	780	168.8	16.8	4.4	2004
ポカリスエット500ml	125	31	0	0	245
コーラ1リットル	450	113	0	0	0
スニッカーズ3本	744	33.9	13.2	36.6	351
ウイダーインゼリー2本	360	90	0	0	86
味噌汁コップ2杯	60	6.6	5.2	0	1576
合計	3223	598.5	48.4	44.2	6650
		74.3%	6.0%	12.3%	塩分換算16.9g
			エネルギー比率		

手づくりの補給食・行動食

「補給食」「行動食」とは、登山やトレイルランニング、トライアスロンなど長時間のレース時に選手が携帯して摂取する携帯食のことです。競技中なので、手で持って、食べやすくつくることが大事。包装も簡単に開けられるものがいいでしょう。補給食や行動食を自作する場合、糖質を中心としたカロリーに加えて、汗をかくことで塩分やミネラルが枯渇して足がつったりしないように、これらをどのように効率的に摂るか、ということがカギになります。市販のものでもいいですが、自作すれば楽しいし、自分サイズにつくれるし、何より経済的です！

ここでは米と米粉を使った補給食を2品紹介します。ヨーロッパでは米を補給食に活用することが多く見受けられます。日本人に身近な食材ですので、もう一度その魅力を再発見してみてもいいかもしれません。

アンチョビライスボールとトマトライスボール

日本人の心ともいうべきおにぎりです。おにぎりはとても優秀な補給食で、具材を工夫すればミネラルや鉄分を糖質と一緒に摂ることができます。

[トマトライスボール] 6個分（栄養計算は1個分）
カロリー：103kcal/たんぱく質：2.0g/糖質：11.8g

1. ご飯180gにウインナーソーセージ2本（1mm厚さの輪切り）、グリュイエールチーズ大さじ2（シュレッド）、トマトケチャップ大さじ1、バター20gをスプーンなどを使って混ぜます。
2. ラップフィルムに一口大の分量を取り分け、茶巾に絞って丸めます。

[アンチョビライスボール] 6個分（栄養計算は1個分）
カロリー：81kcal/たんぱく質：2.6g/糖質：11.2g

1. ご飯180gにチリメンジャコ20g、アンチョビ3本（みじん切り）、大根葉の塩もみ大さじ2、レモン果汁少量、オリーブ油大さじ1をスプーンなどを使って混ぜます。生の大根葉はミネラルたっぷりで足がつりにくくなります。
2. ラップフィルムに一口大の分量を取り分け、茶巾に絞って丸めます。

餅バー

米粉を使ったバーです。米粉はとても優秀で、小麦粉より加熱が簡単で、グルテンを含まないので消化がよい点が長所です。乾きやすいので携帯時はジッパーつき保存袋などに入れてください。ハチミツ入りなので、時間がたってもかたくなりにくいのもいいところです。

ベース

（米粉90g、豆乳90cc、ハチミツ大さじ2、バター20g）

[餅シリアルバー]（栄養計算は全量）
カロリー：430kcal/たんぱく質：6.2g/糖質：62.0g

1. ボウルに米粉、豆乳、ハチミツ、バターを入れてラップせずにそのまま600wの電子レンジで1分間加熱します。
2. 取り出してよく混ぜてさらに2分間加熱します。これがベースです。
3. ベースをよく混ぜ、半量にグラノーラ大さじ2を混ぜます。残りの半量はチョコバー用にとっておきます。麺棒でのばして食べやすく切り分けます。

[餅チョコバー]（栄養計算は全量）
カロリー：597kcal/たんぱく質：8.3g/糖質：77.5g

1. シリアルバー3のベースの半量にグラノーラ大さじ2と板チョコ30gを刻んで混ぜます。
2. 麺棒でのばして食べやすく切り分けます。

"BI-KIN" 美筋づくりのために

アスリートシェフこと荻野伸也シェフ。レストランにはサイクリストをはじめ、マッスルなアスリートの方々が夜な夜な訪れます。

ニューオープンしたスポーツジムをプロデュースした藤田敦子さん。自らも腹筋を鍛え、「オギノ」の美味しい料理でダイエットしつつ、美筋に磨きをかけています。

　美しい筋肉をつくる「美筋づくり」って、つまりは自分をプロデュースすること。そして美筋は、健康管理の究極の成果のように思います。食事と運動、両方をコントロールし続けるためには精神力も必要。筋肉は努力を裏切らないのも魅力の一つかもしれません。

　私たちのからだの約40％は筋肉です。その筋肉はたんぱく質からできています。筋肉量は、通常20代でピークを迎え、徐々に低下していきます。40代になるとたるみを感じる人も多いのでは？　それは筋肉量が低下しているせいです。ですが、筋肉量は食事と運動で増やすことができます！　しかも年齢を問いません！　それぞれの運動強度によって必要な食事量は異なりますが、美筋づくりのポイントはみな同じです。

美筋づくり5つのポイント

1 良質なたんぱく質で美筋をつくる

　筋肉の材料となるたんぱく質の品質にはこだわりたいところ。良質なたんぱく質とは、アミノ酸スコア100の食材のことをいいます（→16頁）。
　筋肉は、分解と合成をくり返しながら大きくなります。運動の負荷がかかると筋肉は壊れ（分解）、栄養と休養をとることで修復（合成）されます。このくり返しです。負荷が大きいと、筋肉はより大きくなります。筋肉を鍛えるには負荷がポイントとなるので「あ〜、きつい」と思う程度の運動が必要です。
　では、材料となるたんぱく質はどれくらい摂ったらよいでしょう。日常生活で必要とされるたんぱく質は、成人女性で1日50gです。朝、卵1個と牛乳コップ1杯、昼に魚1切れ、夜に肉料理1品が目安です。
　美筋づくりに必要なたんぱく質量は、その体格に合わせてコントロールするために、体重1kgあたりの必要量を14頁に表記していますので、自分の体重をかけて算出してみてください。

2 糖質とのバランスで効率よく

　糖質は、エネルギー源です。美筋づくりにおいては、たんぱく質を有効に活用し、効率よく筋肉をつくるという重要な役割があります。

　わたしたちは眠っている間もエネルギーを消費しています。30〜40代の女性が日常生活において消費するエネルギーは、1日およそ2,000kcalです。その50〜65％を糖質から摂るのが理想です。糖質は4kcal/gなので、その糖質量は2,000kcal×50〜65％÷4kcal＝250〜325gです。ごはん茶碗1杯（150g）の糖質は約55gなので参考にしてください。

　糖質が不足すると、たんぱく質と脂質がエネルギーとして代用されます。たんぱく質がエネルギーに使われれば、筋肉の材料となるたんぱく質が減ってしまいますので、美筋をつくるなら糖質とのバランスが大切です。

3 ビタミン・ミネラル・食物繊維でしなやかな美筋に

　ビタミン・ミネラルは、代謝を進める世話係でもあり、からだの機能を整える調整係でもあります。食物繊維は老廃物を片付け、腸内環境を整える清掃係です。どれも美筋をつくるのに欠かせない栄養素です。それぞれの特徴を紹介します。

成長にかかわるビタミンで、体内でつくられるたんぱく質の種類と量を調節します。美筋の要です。皮膚や粘膜を整えるはたらきもあるため、美肌づくりにも大切なビタミンです。抗酸化作用や免疫を上げる作用もあります。緑黄色野菜に豊富です。

カルシウムの吸収力をアップさせます。また、ビタミンDが不足すると筋力が低下するというデータもあります。筋肉の収縮にはカルシウムが関与していることから、ビタミンDが筋収縮を円滑化するともいわれています。筋肉と関係が深いビタミンです。紫外線を浴びることによって体内でつくられるため、屋外トレーニングもおすすめです。

強い抗酸化作用をもち、細胞膜を守っています。わたしたちのからだは60兆個の細胞でできています。代謝は細胞の中で行なわれており、ビタミンEが代謝の土台を支えているといえます。ビタミンCを一緒に摂ると、ビタミンEの抗酸化作用が持続します。

糖質をエネルギーに変えるビタミンです。効率よくエネルギーを産出するため、疲労回復の効果があります。肉類では豚肉に、穀類では玄米や胚芽米に豊富です。ニンニクやネギのアリシンがその吸収率を上げるため、これらを加えるとスタミナアップします。

糖質、脂質、たんぱく質をエネルギーに変えるビタミンです。発育ビタミンともいわれ、代謝に欠かせません。不足すると口内炎や歯肉炎になります。ビタミンB_2が足りないときは、ほかのビタミンも足りない傾向にあるため、口内炎ができたときは食事に気をつけましょう。

たんぱく質の代謝にかかわるビタミンです。たんぱく質の摂取量が増えればビタミンB_6の必要量も増えます。ビタミンB_6は主に筋肉に蓄えられており、動物性食品である肉や魚の身にも豊富です。また、腸内細菌によって体内でつくられます。

ビタミンC
皮膚や骨、腱などの組織をつくるコラーゲンの生成を促すビタミンです。美肌効果だけではなく、筋肉を支える骨格を整え、柔軟でしなやかな筋肉をつくります。さらにストレッチで効果が増します。抗酸化作用はもちろん、鉄の吸収をよくするはたらきもあるため、スタミナが必要な美筋づくりには欠かせません。体内でつくられず、からだに貯蓄できないので、毎食とりたいビタミンです。

 カルシウム
骨の主成分です。美筋づくりでは、筋肉を支える骨格も大切。骨も新陳代謝をくり返しており、運動をすることで強くなります。また、筋肉の収縮にはカルシウムが大きく関わっているので、カルシウムを充分にとれば、筋肉と骨をともに鍛えることができます。

 鉄
鉄は血液中の赤血球に含まれ、筋肉をはじめ、各組織に酸素を運ぶ重要な役割があります。運動に必要なエネルギーは酸素がないと供給されないので、持久力アップには欠かせないミネラルです。野菜より、肉や魚に含まれる鉄分のほうが吸収率は高いです。

 食物繊維
私たちが持つ消化酵素では分解できない栄養素です。主に野菜や果物に含まれています。からだに不要なものを吸着しながら大腸にたどり着き、腸内細菌のえさとなります。腸内環境を整えることは、免疫力アップにも大きく影響します。

しなやかな筋肉をつくるのは、美肌づくりと似ているように思いませんか。各種ビタミンにコラーゲン、ストレッチ（お肌にはマッサージ）にデトックスです。

● 1日に必要な栄養素

	とくに運動はしていない人	散歩程度の有酸素運動をしている人	ジムで筋トレしている人	ランニングしている人	もっとハードな運動をしている人
たんぱく質	1.0〜1.2g/kg体重	1.2〜1.4g/kg体重	1.4〜1.6g/kg体重	1.6〜1.8g/kg体重	1.8g/kg体重
エネルギー	1800kcal	2000kcal	2200kcal	2400kcal	2600kcal〜
糖質	225〜290g	250〜325g	275〜355g	300〜390g	325g〜
ビタミンA	700μg	700μg	700μg	700μg	900μg〜
ビタミンD	5.5μg	5.5μg	5.5μg	5.5μg	6.5μg
ビタミンE	6.0mg	6.0mg	6.0mg	6.0mg	6.0mg
ビタミンB_1	1.1mg	1.1mg	1.2mg	1.3mg	1.4mg〜
ビタミンB_2	1.2mg	1.2mg	1.3mg	1.4mg	1.6mg〜
ビタミンB_6	1.2〜1.4mg	1.4〜1.6mg	1.6〜1.8mg	1.8〜2.1mg	2.1mg〜
ビタミンC	100mg	100mg	100mg	200mg	200mg
カルシウム	650mg	650mg	650mg	650mg	800mg〜
鉄（月経有/無）	6.5/10.5mg	6.5/10.5mg	6.5/10.5mg	6.5/10.5mg	12mg〜
食物繊維	17g	17g	17g	19g	21g〜

参考図書：
『日本人の食事摂取基準 2015年版』第一出版、『新版コンディショニングのスポーツ栄養学 樋口満編著』市村出版、『しっかり学べる栄養学 川端輝江編著』ナツメ社

4 食べるタイミングを考えて無駄なく美筋に

食べるタイミングは、たんぱく質だけではなく糖質も一緒に考えたほうが賢明です。エネルギー源である糖質と筋肉の材料であるたんぱく質の確保と補充が、美筋づくりの鍵をにぎるからです。

[運動前]

①糖質：空腹はNGです。エネルギーとなる糖質がないと、たんぱく質がエネルギーとして分解されてしまうから。そして、脂肪燃焼にも糖質が必要だからです。最初に糖質がエネルギーとなることで、脂肪が燃焼しはじめます。

②たんぱく質（分岐鎖アミノ酸BCAA）：筋肉のダメージを抑えるには、運動の30分前に分岐鎖アミノ酸（BCAA）をとると効果があります。BCAAは筋肉の成分でもあり、筋肉のエネルギー源にもなり、筋肉の分解を抑えるはたらきがあるからです。

[運動後]

①たんぱく質（分岐鎖アミノ酸BCAA）：運動後30分以内にたんぱく質をとると、筋肉の修復がすすみます。筋肉の修復を担う成長ホルモンの分泌は、運動後30分にピークになるからです。たんぱく質の中でも筋肉の材料である分岐鎖アミノ酸（BCAA）が最適です。

②糖質：たんぱく質と一緒に、糖質とクエン酸（レモン、柑橘類、酢、梅干しなど）をとるとさらに筋肉の回復効果が上がり、筋肉のエネルギー源であるグリコーゲンの回復も早まります。糖質も筋肉のダメージを抑え、回復を助ける役割を担うということです。

● BCAAを多く含む食品

食品	量	BCAA（mg）
鶏むね肉	70g	3,010
まぐろ	70g	2,870
かつお	70g	2,800
さけ	70g	2,730
豚もも肉	70g	2,660
鶏もも肉	70g	2,310
牛もも肉	70g	2,240
玄米ご飯	150g	1,890
白ご飯	150g	1,635
牛乳	200ml	1,360
プロセスチーズ	1切（20g）	1,020

5 生活リズムを整える〜睡眠・ストレス・免疫〜

　体内時計や体内リズムという言葉を聞いたことがありますか？　私たちのからだは、1日を同じリズムで機能しています。基本的に、昼間消耗したからだを、夜寝ている間に修復しています。「寝る子は育つ」は本当のことです。筋肉の修復を担う成長ホルモンの分泌は、運動後30分と就寝後1〜2時間（夜10〜深夜2時がゴールデンタイム）がピークです。

　1日のリズムは代謝にも大きく作用します。代謝に関わるホルモンは、脳の指令で分泌されるからです。毎日同じ時間に規則正しく食事をしたほうがよいのは、このリズムに乗るためです。腸にもリズムがあります。腸は明け方活発になります。朝、排便する人が多いのはその証です。排泄は腸内環境を整えることでもあり、免疫力アップにもつながります。

　また、運動の量や強度が急激に増すと、風邪をひいたり体調をくずしやすくなります。これは、運動によるストレスによって免疫が低下するからです。主食、主菜、副菜がそろった食事が、免疫力アップとストレス対策になります。本来からだが持っているリズムに合わせて生活することで、免疫を上げて、ストレスに強い美筋をつくりましょう。

（山下圭子）

アミノ酸スコアってなに？

　たんぱく質は20種類のアミノ酸の組み合わせでできています。これらは大きく2つに分類されます。からだでつくることができないのが必須アミノ酸（9種類）。からだでつくることができるのが非必須アミノ酸（11種類）です。必須アミノ酸は食べ物から取り入れなければなりませんので、その質が問われます。

　人が必要とする必須アミノ酸に対して、その食品が含むアミノ酸の割合を表したのがアミノ酸スコアです。アミノ酸スコアは100が最高値で、100に近いほど良質なたんぱく質で、筋肉のよい材料になります。

[卵・乳製品]

卵：生みの親である鶏肉よりもビタミン・ミネラルが豊富です。これらビタミン・ミネラルは卵白には含まれず、すべて卵黄に含まれています。アミノ酸スコアは、卵白、卵黄ともに100です。

チーズ：カマンベールチーズ、ブルーチーズ、チェダーチーズはナチュラルチーズ。ナチュラルチーズに乳化剤を加えて加工したものがプロセスチーズです。カルシウムが豊富です。

ヨーグルト：牛乳に乳酸菌を加えて発酵させた食材です。発酵食品として腸内環境を整えます。牛乳とほぼ同じ栄養価でカルシウムが豊富です。

食品名	アミノ酸スコア	エネルギー(kcal)	たんぱく質(g)	カルシウム(mg)	鉄(mg)	ビタミンA(μg)	ビタミンD(μg)	ビタミンE(mg)
卵1個 50g	100	76	6.2	26	0.9	75	0.9	0.5
カマンベールチーズ1切れ 20g	100	62	3.8	92	0.0	48	0.0	0.2
プロセスチーズ1切れ 20g	100	68	4.5	126	0.1	52	0.0	0.2
プレーンヨーグルト 100g	100	62	3.6	120	−	33	0.0	0.1

[肉]

牛肉：肉の中でも身が赤く、鉄分が豊富。レバーは断トツです。アミノ酸スコアはどの部位も100です。美筋づくりには、脂が少ない赤身を選びましょう。

豚肉：豚肉の特徴はビタミンB₁で、糖質の代謝をよくしてエネルギーをつくるため、疲労回復や夏バテ予防に効きます。

鶏肉：疲労回復と持久力アップに効果的なイミダゾールジペプチドを多く含みます。その量はむね肉のほうが多く、もも肉の約2倍です。たんぱく質ももももりむねやささみが豊富です。

羊肉：必須アミノ酸からできるカルニチンが豊富で、脂肪を燃焼する働きがあります。また、ほかの肉に比べて不飽和脂肪酸が豊富で、悪玉コレステロールを排泄します。

（100g中）

食品名	アミノ酸スコア	エネルギー(kcal)	たんぱく質(g)	鉄(mg)	ビタミンA(μg)	ビタミンB1(mg)	ビタミンB2(mg)	ビタミンB6(mg)
牛もも肉	100	140	21.9	2.7	1	0.09	0.22	0.35
牛こま肉	100	209	19.5	1.4	3	0.08	0.20	0.32
牛レバー	100	132	19.6	4.0	1100	0.22	3.00	0.89
牛挽肉	100	272	17.1	2.4	13	0.08	0.19	0.25
豚もも肉	100	128	22.1	0.9	3	0.96	0.23	0.33
豚こま肉	100	183	20.5	0.7	4	0.90	0.21	0.31
豚肩ロース肉	100	226	17.8	0.5	6	0.66	0.25	0.30
豚挽肉	100	236	17.7	0.6	9	0.69	0.22	0.36
鶏もも肉	100	127	19.0	1.0	16	0.12	0.19	0.31
鶏むね肉	100	116	23.3	0.6	9	0.10	0.11	0.64
鶏挽肉	100	186	17.5	0.3	37	0.09	0.17	0.52
ラムもも肉	100	198	20.0	0.8 2.0	9	0.18	0.27	0.29

[魚介]

青魚：あじ、いわし、さんまなど、いわゆる「背が青い魚」で、脂が多いのが特徴です。脂といっても多価不飽和脂肪酸といって、生体調節機能を持つことから生活習慣病を予防する効果がある、よい脂です。体内でつくることができないため必須脂肪酸といわれ、食事から摂る必要があります。

さけ：さけの色はアスタキサンチンという色素の色です。この抗酸化作用は細胞膜全体に作用するため非常に強く、美容や疲労回復、生活習慣病の予防にも効果が期待されています。

白身魚：たい、たら、かれいなど、身が白い魚で、高たんぱく・低脂肪です。カロリーを抑えながら、たんぱく質が摂れます。コラーゲンも豊富です。

貝：カルシウム、鉄、亜鉛などミネラルが豊富です。不足しがちな栄養素を豊富に含むため、定期的に食べたい食材です。うまみの素であるコハク酸が豊富なのも特徴です。

えび：関節の動きをなめらかにするグルコサミンが豊富です。軟骨の材料にもなります。なめらかな骨格をつくるのに必須です。高たんぱく・低脂肪も魅力。えびの赤もアスタキサンチンです。アスタキサンチンは殻に多く含まれるので、効果を期待するなら桜海老がよいです。

（100g中）

食品名	アミノ酸スコア	エネルギー(kcal)	たんぱく質(g)	脂質(g)	多価不飽和脂肪酸(g)	カルシウム(mg)	鉄(mg)
あじ	100	126	19.7	4.5	1.22	66	0.6
いわし	100	169	19.2	9.2	2.53	74	2.1
ぶり	100	257	21.4	17.6	3.72	5	1.3
さば	100	247	20.6	16.8	2.66	6	1.2
さけ	100	133	22.3	4.1	0.91	14	0.5
いくら	100	272	32.6	15.6	4.79	94	2.0
かれい	100	95	19.6	1.3	0.32	43	0.2
ひらめ	100	126	21.6	3.7	1.17	30	0.1
たい	100	177	20.9	9.4	2.44	12	0.2
たら	100	77	17.6	0.2	0.07	32	0.2
しじみ	100	64	7.5	1.4	0.19	240	8.3
あさり	95	30	6.0	0.3	0.04	66	3.8
ほたて	83	72	13.5	0.9	0.15	22	2.2
かき	89	60	6.6	1.4	0.32	88	1.9
はまぐり	93	39	6.1	0.6	0.13	130	2.1
くるまえび	88	97	21.6	0.6	0.12	41	0.7

[豆]

大豆：「畑の肉」といわれるほど、たんぱく質が豊富です。また、ポリフェノールの一種でもあるイソフラボンには、抗酸化作用やホルモン促進作用があり、動脈硬化の予防、更年期障害、骨粗しょう症、冷え改善にもなります。

豆腐：大豆が原料なので、高たんぱくです。木綿豆腐と絹漉し豆腐、材料はほぼ同じですが栄養価が異なるのは、製造法による水分量の違いです。木綿豆腐は水分をきって圧縮してつくるため、栄養も凝縮されます。ビタミンB1など水溶性の栄養素は、水に流れてしまうので、絹漉し豆腐のほうが多めです。

（100g中）

食品名	アミノ酸スコア	エネルギー(kcal)	たんぱく質(g)	カルシウム(mg)	鉄(mg)	ビタミンB1(mg)	ビタミンB2(mg)	ビタミンB6(mg)
大豆（水煮）	100	140	12.9	100	1.8	0.01	0.02	0.01
木綿豆腐	100	72	6.6	86	0.9	0.07	0.03	0.05
絹漉し豆腐	100	56	4.9	57	0.8	0.10	0.04	0.06

たんぱく質 ＋ ビタミン・ミネラル
＝しなやか美筋！

BI-KINに効く
野菜のガルニチュール

アミノ酸バランスのよいたんぱく質を効果的に筋肉に変えるためには、ビタミンやミネラルを一緒に摂ることが欠かせません。このあとで登場するマッスル（筋肉）料理には野菜をたっぷりつけ合わせましょう！

① カリフラワーのクスクス

1. カリフラワー1株は小分けにしてかために塩ゆでします。水気をきって包丁で細かく刻んでください。フードプロセッサーでカットしてもいいでしょう。
2. 赤玉ネギ（みじん切り）50g、パセリ（みじん切り）大さじ1、レモン果汁1個分、塩小さじ1/2、コショウ少量、オリーブ油大さじ3を加えて混ぜればでき上がり。シチューなど汁気の多い料理に合います。

カロリー：396kcal/たんぱく質：9.7g/糖質：13.6g

② ブロッコリーとハム

1. ブロッコリー1株を小分けにして塩ゆでし、ザルに上げて水気をきって冷まします。
2. ロースハム（細切り）3枚分を、ブロッコリーとともにレモン果汁1個分、塩小さじ1/2、コショウ少量、オリーブ油大さじ2で和えます。

カロリー：405kcal/たんぱく質：21.0g/糖質：5.9g

③ ジャーマンポテト

1. ジャガイモ（メークイン）150gを蒸して皮をむき、一口大に切ります（→96頁）。
2. ベーコンスライス（細切り）2枚分と赤玉ネギ（薄切り）50gを油をひかずにフライパンで炒めます。しんなりしたらジャガイモを入れて塩、コショウで味をつけます。みじん切りのパセリを混ぜてでき上がり。好みのハーブ（ネギ、バジル、パクチーなど）に変えてもいいでしょう。

カロリー：255kcal/たんぱく質：6.7g/糖質：28.2g

④ 人参のサラダ

1. ニンジン2本をチーズおろし器（穴あきタイプ）で粗くおろして水気をギュッとしぼります。
2. 1にレーズン大さじ1を入れて、塩2つまみ、コショウ少量、ワインビネガー大さじ1、オリーブ油大さじ2を加えて混ぜます。

カロリー：326kcal/たんぱく質：2.4g/糖質：25.7g

※①〜⑧の栄養計算は全量の数字です。

⑤ ほうれん草のソテー

1. ホウレンソウ1束は根元を切り落とし、ざく切りにします。フライパンにニンニク（みじん切り）1片分とオリーブ油大さじ1を入れて中火でこがさないように炒めます。
2. 香りが出たらホウレンソウを入れて炒め、塩、コショウで味をつけます。

カロリー：165kcal/たんぱく質：4.5g/糖質：1.7g

⑥ キノコのソテー

1. シメジ1パックは石突きを落とします。マッシュルーム8個は半割にします。
2. フライパンにオリーブ油大さじ2を入れて強火にかけ、1を入れてあまり動かさないように焼きます。
3. 焼き色がしっかりついたら、ニンニク（みじん切り）5gを入れて、塩小さじ1/2、コショウで味をつけてください。

カロリー：277kcal/たんぱく質：6.5g/糖質：2.5g

⑦ ひよこ豆のファラフェル

1. ヒヨコ豆（乾燥）100gを多めの水に浸けて1晩おきます。水気をきってフードプロセッサーで細かくします。
2. ニンニク10gを入れてさらに回し、塩2つまみ、コショウ少量、クミンパウダー小さじ1/2、オリーブ油大さじ1を入れて回します。
3. まとまったら食べやすい大きさに丸めて強力粉をまぶし、溶き卵にくぐらせ、ドライパン粉（細目）をつけて180℃の油で2分間揚げて油をきります。

カロリー：827kcal/たんぱく質：26.8g/糖質：65.9g

⑧ コールスロー

1. キャベツ（せん切り）1/4個分をボウルに入れて霧吹きで水を吹いてラップフィルムをかけ、600wの電子レンジで2分間加熱します。
2. 水分が出たら手でギュッとしぼり、マヨネーズ大さじ2、黒コショウ少量を加えて混ぜます。

カロリー：266kcal/たんぱく質：4.3g/糖質：11.5g

EGG ｜卵

かたゆで玉子。卵黄に完全に火が通ると、やさしいクリーム色になります。

半熟玉子と
かたゆで玉子

　玉子料理の基本です。ずんぐりと丸いフォルム、卵黄と卵白の色の対比。こうしたかわいらしさもゆで玉子ならでは。そのまま食べてもおいしいし、さまざまな料理やソースなどに展開できて、とっても便利。まとめてつくって冷蔵庫に入れておけば、4日間はおいしく食べられます。
　カットして卵黄に粗塩をふって食べるのがやっぱり一番のおすすめ！

カロリー	たんぱく質	糖質
76 kcal	6.2 g	0.2 g

※栄養計算は1個の数字です。

半熟玉子。卵黄のたんぱく質にまだ完全に火が通っていません。ゆで時間をもっと短くすれば、とろりとした卵黄を味わえます。

1 卵を重ならないように鍋に並べます。
▷ 静か〜にやさしく。殻を割らないように！

2 水を静かに注いで、卵がすっぽり水にかぶるくらいたっぷりと満たして強火にかけます。
▷ 湯を混ぜて回転させると卵黄が真ん中になるといわれていますが、割れるリスクがあるので回しません。

3 グラグラ沸いてきたら火を弱めてください。火を弱めてから6分間で半熟玉子、9分間でかたゆで玉子になります。
▷ 沸騰すると卵が動いて割れやすいので、火は弱めます。

4 好みのゆで加減になったら、穴あきお玉でゆで玉子を氷水を入れたボウルに移します。
▷ 急冷しないと余熱で必要以上に卵に火が入ってしまいます。

ゆで玉子の展開

カラフルソースを添えて

ゆで玉子がグッとおいしくなるソースを3種類紹介します。ソースをつけて玉子を味わってください。

BBQソース（→24頁）
カロリー：60kcal
たんぱく質：1.5g
糖質：9.0g

オーロラソース
（→22頁）
カロリー：120kcal
たんぱく質：0.5g
糖質：5.3g

グリーンハーブソース
（→23頁）
カロリー：303kcal
たんぱく質：1.0g
糖質：3.7g

ゆで玉子の展開

オーロラ玉子サンド

　ゆで玉子はビニール袋を使って手でつぶすとアッという間に細かくなります。玉子そのものを味わいたい方は、厚く切ってオーロラソースをかけてはさんでもいいでしょう。

カロリー **508** kcal　たんぱく質 **21.2** g　糖質 **45.5** g

1人前
ゆで玉子　2個
オーロラソース*　大さじ2
　マヨネーズ　大さじ1
　トマトケチャップ　大さじ1
食パン（8枚切り）　2枚

＊マヨネーズに同量のケチャップを加えてよく混ぜます。

1　ゆで玉子はビニール袋に入れてざっくりと手でつぶしてボウルに入れます（→26頁・ミモザサラダ）。ここにオーロラソースを加えてスプーンで混ぜます。

2　食パンに1をぬって、はさみます。4辺の耳を切り落とし、半分の三角形に切ってどうぞ。

ゆで玉子の展開

ブロッコリーのサラダ

　温かくても、冷たくてもおいしい！　味が単調になりがちなブロッコリーは、ソースをたっぷり混ぜると飽きずに楽しめます。ハーブをディルなどほかの種類に変えると一味違うソースになります。

1人前
ブロッコリー　5房
塩　1つまみ
ゆで玉子（みじん切り）　1個
グリーンハーブソース*　大さじ2
　マヨネーズ　大さじ3
　バジル　8枚
　パセリ　1本
　レモン果汁　大さじ1

＊材料をすべてミキサーにかけます。

1　ブロッコリーは小分けにして塩を1つまみ加えた熱湯でゆでて、ザルに上げて水気をきって、さらに食べやすい大きさに切り分けます。

2　ボウルにゆで玉子とグリーンハーブソースを入れて混ぜ、1のブロッコリーを入れて和えます。

> ゆで玉子の展開

BBQエッグ

赤いソースをかけて色よく焼くと、玉子にこうばしいアクセントがつきます。

カロリー 183 kcal たんぱく質 13.0 g 糖質 4.7 g

※栄養計算は1個の数字です。

1人前
ゆで玉子 2個
BBQソース* 大さじ2
　マスタード 大さじ1
　トマトケチャップ 大さじ1
　オニオンパウダー・ガーリックパウダー・
　パプリカパウダー 各小さじ1/2

＊材料をすべてよく混ぜます。

1 ゆで玉子を半分に切ります。
2 断面にBBQソースをぬって、上火のオーブントースターで6分間焼いて、こうばしい焼き色をつけます。

ゆで玉子の展開

味つけ玉子

　醤油ベースの味をしみ込ませた味つけ玉子バリエーションです。一度食べたらやみつき。みんなが大好きな味つけです。ラーメンに入れたり、煮汁ごと細かくつぶしてカレーのトッピングにしてもOK！　炊いたご飯に汁ごと混ぜるのもよしです。パンにはさめば玉子バインミーサンドにもなります。

［醤油味］

ゆで玉子　5個
醤油　50cc
みりん　50cc
ハチミツ　大さじ1

カロリー 437 kcal ／ たんぱく質 31.9 g ／ 糖質 14.5 g

［カレー味］

ゆで玉子　5個
醤油　50cc
みりん　50cc
ハチミツ　大さじ1
カレー粉　小さじ1

カロリー 441 kcal ／ たんぱく質 32.1 g ／ 糖質 14.7 g

［エスニック風］

ゆで玉子　5個
ナンプラー　50cc
みりん　50cc
おろしニンニク　1片分
オイスターソース　大さじ1
ハチミツ　大さじ1
一味唐辛子　少量

カロリー 440 kcal ／ たんぱく質 32.6 g ／ 糖質 14.5 g

※それぞれの栄養計算は5個の数字です。

上：醤油味
左：カレー味
右：エスニック風

1 ジッパーつき保存袋（サイズ中）をボウルに入れて立て、調味液を注ぎます。

2 ここに殻をむいたゆで玉子を入れます。

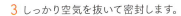

3 しっかり空気を抜いて密封します。

4 すべての玉子が調味液に浸かっている状態にして、冷蔵で1日漬け込みます。

> ゆで玉子の展開

ミモザサラダ

　野菜ばかりたくさん食べられないけれど、ゆで玉子を入れると味がふくらんで変化がつきます。ゆで玉子は、刻むと包丁にはりついて切りづらいのですが、薄手のビニール袋を使うと、手早く、楽に細かくできます。

カロリー 225 kcal　たんぱく質 8.4 g　糖質 3.6 g

2人前

- **アスパラガス**　5本
- **スナップエンドウ**　10本
- **ミントの葉**（せん切り）　5枚
- **ドレッシング**
  - マスタード　大さじ1
  - 白ワインビネガー　大さじ2
  - オリーブ油　大さじ4
  - 塩・コショウ　各適量
- **ゆで玉子**　2個

ビニール袋に手を入れて、ゆで玉子を握るようにしてつぶすと簡単です！

1　アスパラガスとスナップエンドウは、それぞれ柔らかめに塩ゆでして冷水で冷まして水気をきります。
2　ドレッシングを用意します。ボウルにマスタード、ビネガー、塩、コショウを入れて、泡立て器でよく混ぜます。ここにオリーブ油を少しずつ加えながらかき混ぜます。
3　2のボウルに食べやすく切ったアスパラガスとスナップエンドウを入れて、刻んだミントを混ぜ、ドレッシングで和えて器に盛ります。
4　上からつぶしたゆで玉子をたっぷりかけます。

"BI-KIN" COLUMN
Vol.01

「アミノ酸スコア」「プロテインスコア」「たんぱく質の消化吸収率によって補正したアミノ酸スコア（PDCAAS）」ってどう違うの？

　いずれもたんぱく質の質を数字で表したものです。たんぱく質は20種類のアミノ酸から構成されます。そのうちの9種類は体内でつくることができないため、食事からとる必要があり、これを必須アミノ酸といいます。たんぱく質の質は、この必須アミノ酸の構成によって決まります。

　その評価は、何を基準にするかで変わります。例えば、卵や人乳を基準に評価した数値は「ケミカルスコア」です。それに対して、プロテインスコアとアミノ酸スコアは「人が必要とするアミノ酸」を基準に評価した数値です。「人が必要とするアミノ酸」は定め事ですから複数あり、その基準によって呼び方が変わります。日本では、アミノ酸スコアが一般的です。この本の中に示しているアミノ酸スコアは、2007年改訂の基準値を使用しています。

（山下圭子）

プロテインスコア：1955年、国際連合食糧農業機関（FAO）によって決められた基準により評価した数値。

アミノ酸スコア：1973年、世界保健機関（WHO）と国際連合食糧農業機関（FAO）がその基準を改訂し、それにより評価した数値。この基準は1985年および2007年にWHO、FAOと国連大学（UNU）が合同で改訂しています。

	プロテインスコア	アミノ酸スコア（1973年）	アミノ酸スコア（2007年）
卵	100	100	100
牛乳	85	100	100
プロセスチーズ	74	91	100
鶏むね肉	84	100	100
あじ	78	100	100
木綿豆腐	67	82	100

●アミノ酸の桶の理論

水を注ぐと、一番短い板のところでこぼれてしまいます。桶の役割はここまでです。これがアミノ酸スコア（たんぱく質の質）を象徴しています。

たんぱく質の消化吸収率によって補正したアミノ酸スコア（PDCAAS）：
アミノ酸スコアに消化吸収率をかけた数値。1991年にFAO/WHO合同で報告されて推奨されています。

ポーチドエッグ

　ちょっとハードルが高いイメージのポーチドエッグですが、コツさえつかめば、ゆで玉子より短時間でとろとろ半熟玉子ができます。玉子は下側のほうがつるりとして形がよいので、盛りつけるさいはこちらを上にするといいでしょう。

卵白は固まっていますが、中の卵黄はとろりとしています。

カロリー 76 kcal　たんぱく質 6.2 g　糖質 0.2 g

※栄養計算は1個の数字です。

1　湯500ccを沸かします。沸いたら、ここに酢を大さじ1程度加えます。
▷酢を加えると、卵白のたんぱく質が瞬時に固まるので、沸いた湯に落としても散ることがありません。
2　ボウルに卵を1個割り落とします。

3　鍋の中にスプーンを入れて回し、ウズをつくります。
▷ウズで卵の形が丸くまとまります。
4　ウズの中央に卵を落とします。
▷ウズの水流で、卵白が散らずにまとまるのです。

5　こんな風にまとまります。卵白が固まってきたら、少し火を強くします。
▷卵を入れると、湯の温度が下がるので火を強くします。
6　再度この程度まで沸いたら火を弱めてください。卵を入れてから2分間加熱します。

7　穴あきお玉で取り出して湯をきり、氷水を入れたボウルの中に移します。
▷卵を急冷して必要以上に余熱を入れないようにしましょう。
8　下側がつるりとしてきれい。まわりにはみ出した卵白を切り落として、形を整えます。

> ポーチドエッグの展開

ニース風サラダ

　ボリュームと栄養バランスが満点のサラダです。ポーチドエッグはソース代わり。とろとろの卵黄を全体に混ぜて食べると一層美味です。

2人前
- **ジャガイモ**　1個
- **ピーマン（2mm厚さの輪切り）**　2個分
- **ツナ（缶詰）**　60g
- **サニーレタス（適当にちぎる）**　4枚分
- **ミニトマト（半割）**　5個分
- **ポーチドエッグ（→28頁）**　2個
- **ドレッシング（→26頁・ミモザサラダ）**
- **レモン**　半分

1　ジャガイモは皮つきのまま水で濡らしたキッチンペーパーで包み、上からラップでおおいます。電子レンジ（500w）で12分間加熱します。皮をむいて1cmの輪切りにしてください。

2　器にサニーレタス、ジャガイモ、ピーマン、ツナ、ミニトマトを盛り、ポーチドエッグをのせ、ドレッシングを回しかけます。

3　食べる直前にレモンをしぼるとレモンの香りがさわやかです。

湯煎でつくる
簡単スクランブルエッグ

フランス料理でおなじみのスクランブルエッグ。絶対失敗しない"とろけるスクランブルエッグ"のつくり方を紹介します。直接火にかけずに湯煎で加熱するので、卵がゆっくり固まります。

最後にウニやイクラなどを加えればゼイタクなスクランブルエッグができ上がり。

カロリー 301 kcal　たんぱく質 18.3 g　糖質 21.8 g

1人前
スクランブルエッグ
　卵　2個
　牛乳　50cc
　塩・コショウ　各少量
トースト　1枚
グリーンサラダ
ミニトマト（半割）　1個分
トマトケチャップ

1　ボウルに卵を2個割り入れます。
2　ここに牛乳、塩、コショウを加えます。
3　小さな泡立て用のマドラーでよく混ぜてください。
▷ 卵のコシが切れるように、泡立て器を使っています。
4　フライパンにお湯を沸かし、材料を入れたボウルを浸けて湯煎にしながらゴムベラでかき混ぜます。
▷ 熱くなるので鍋つかみや布巾などを使ってください。均等なかたさにするために、ゴムベラでボウルの底をこするようにして全体をよく混ぜます。
5　5分間ほど混ぜると濃度がついてくるので湯煎をはずして、余熱で柔らかく火を通します。
6　これくらいなめらかになったらでき上がりです。コショウを挽きかけ、トーストとケチャップ、グリーンサラダとミニトマトを添えます。

スクランブルエッグの展開

スパゲティ カルボナーラ

卵液のとろみが味の決め手。スクランブルエッグの応用です。湯煎で柔らかく卵に火を入れて、ダマにならないように、なめらかにソースを仕上げましょう。少し火が入りすぎても大丈夫。

カロリー 665 kcal　たんぱく質 31.5 g　糖質 54.1 g

1人前
- スパゲティ＊　60g
- ベーコン玉ネギソテー＊＊
  - ベーコンスライス（細切り）　2枚
  - 玉ネギ（薄切り）　1/2個分
  - 白ワイン　50cc
- カルボナーラソース
  - 卵　2個
  - 牛乳　50cc
  - パルメザンチーズ　大さじ2
  - 塩・粗挽き黒コショウ　各適量

＊スパゲティは指定のゆで時間より30秒間短くゆでます。

＊＊フライパンでベーコンと玉ネギを中火で炒めます。玉ネギがすき通って、ベーコンの油が出てくるころに白ワインを加えて、水分がなくなるくらいまで煮詰めます。

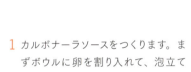
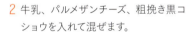

1 カルボナーラソースをつくります。まずボウルに卵を割り入れて、泡立て器でコシを切ります。

2 牛乳、パルメザンチーズ、粗挽き黒コショウを入れて混ぜます。

3 ボウルにゆでたスパゲティ、ベーコン玉ネギソテー、2を入れてゴムベラでよく混ぜます。
▷ スパゲティとソテーが熱い状態でソースを合わせてもOKです。

4 フライパンに湯を沸かし、3のボウルを湯煎にしてゴムベラで混ぜます。最初はシャバシャバしています。
▷ 底にくっつかないように、ゴムベラで底から持ち上げるように混ぜましょう。

5 温度が上がるにつれて濃度がついてきます。ソースがからむようになったら、塩で好みの味をつけて盛ります。上から粗挽き黒コショウをふって完成です。
▷ ソースの状態をみて、湯からはずしたり、浸けたりしてください。

スクランブルエッグの展開

炒り玉子の三色丼

半熟で止めればスクランブルエッグですが、さらに火を入れると離水が始まり、ボソボソとしてきます。スクランブルエッグとしては失敗ですが、炒り玉子にすればおいしく食べられます。

最初から炒り玉子をつくりたいときは、ボウルを直接火にかけるか、鍋かフライパンを使えば時短できます。

カロリー **216** kcal　たんぱく質 **18.9** g　糖質 **10.2** g

※栄養計算はご飯を抜いた数字です。
5頁を参照して加えてください。

スクランブルエッグの加熱を続けると、卵から水分が抜けて固まってきました。炒り玉子のでき上がりです。

2人前（写真は1人前）

炒り玉子
　卵　3個
　塩・砂糖　各少量

鶏そぼろ
　鶏むね挽肉　80g
　醤油　大さじ1
　みりん　大さじ1

スナップエンドウ　6本

ご飯

1 炒り玉子をつくります。卵を溶いて、塩と砂糖少量で味をつけて、スクランブルエッグの要領で湯煎にかけます（→30頁）。卵から水分が抜けて固まり始めたらでき上がりです。

2 鶏そぼろをつくります。鶏むね挽肉を鍋に入れて、醤油とみりんを加えて、木杓子で混ぜながら弱火で煎ります。

3 スナップエンドウは塩ゆでしてザルに上げて、食べやすく切り分けます。

▷ 青い野菜ならば何でも結構です。

4 ご飯をよそい、炒り玉子、鶏そぼろ、スナップエンドウを盛りつけます。

温泉玉子

　卵黄の凝固温度（約65〜70℃）が卵白の凝固温度（約75〜78℃）より低い性質を利用してつくるのが温泉玉子です。卵白が固まる温度以下で卵黄が固まる温度以上の温度帯をキープするのですが、温度計は必要ありません。沸騰した湯に水を加えて温度を下げ、卵を入れたらフタをして12分間おくだけでいいんです！放置時間を長くとれば、かために仕上がります。何度かつくってみるとコツがつかめます。

カロリー 76 kcal ／ たんぱく質 6.2 g ／ 糖質 0.2 g

※栄養計算は1個の数字です。

1 1リットルの水をグラグラと沸かします。沸いたら火を止めて、200ccの水を加えてください。
▷ これでちょうどよい温度です。

2 この中に静かに卵を入れます。
▷ 割らないように注意して！

3 フタをして12分間そのままおけばでき上がり。器に割り入れて、醤油を少したらしてシンプルに。

EGG | 033

具だくさん スパニッシュオムレツ

卵にいろいろな具材を加えると、食感や味わいに思いがけない変化がついて楽しめます。ホタテやチリメンジャコ、青海苔などもよく合います。

カロリー 216 kcal　たんぱく質 8.8 g　糖質 3.4 g

16cmのフライパン1枚分（写真は1人前）

オムレツ
- 卵　6個
- ウィンナー（5mm厚さの小口切り）　3本
- ミニトマト（半割）　4個分
- アボカド（1cm角切り）　1個分
- パプリカ（1cm角切り）　1個分
- 塩・コショウ　各適量
- バター　30g

グリーンサラダ、ミニトマト
トマトケチャップ

1. ボウルに卵を割り入れて、泡立て器でしっかりとほぐしてコシを切ります。オムレツの具材をすべて入れて、塩、コショウを加えます。
2. フライパンにバターを入れて弱火で熱し、バターが軽く泡立ったら、一気に1を流し込みます。
3. 5、6回ゴムベラで混ぜ、フタをして弱火で5～6分間焼きます。
4. 全体に火が入ったらフタの上に裏返しして取り、すべらせるようにしてフライパンに戻し、裏面も弱火で3分間ほど焼きます。
5. 6等分に切り分けて、トマトケチャップを添え、グリーンサラダ、ミニトマトをつけ合わせます。

"BI-KIN" COLUMN
Vol.02

アミノ酸スコアを上げるためには どのように素材を組み合わせたらいいの？

まず、穀類や野菜、果物など植物性食品のアミノ酸スコアをみてみましょう。

肉や魚、卵などの動物性食品と比べると数値が低いのですが、食べ合わせによってアミノ酸スコアは貸し借りされます。たとえば、アミノ酸スコアが69の米は、制限アミノ酸がリジンです。リジンが豊富な動物性たんぱく質と一緒に食べれば、米のアミノ酸スコアは100になります。いくつか例をみてみましょう。　　　（山下圭子）

	アミノ酸スコア
米	69
食パン	35
スパゲティ	38
ジャガイモ	78
キャベツ	63
リンゴ	75

● 牛丼

アミノ酸スコア 69　＋　アミノ酸スコア 100　＝　ご飯のアミノ酸スコア 100 に

ご飯 100g

牛こま肉 100g

● ニース風サラダ

アミノ酸スコア 78　＋　アミノ酸スコア 100　＝　ジャガイモのアミノ酸スコア 100 に

ジャガイモ 1 個

卵 2 個

● スパゲティミートソース

アミノ酸スコア 38　＋　アミノ酸スコア 100　＋　アミノ酸スコア 100　＝　スパゲティのアミノ酸スコア 100 に

スパゲティ 60g

牛挽肉 40g

パルメザンチーズ大さじ1

数時間後に食べても効果はありません。一緒に食べましょう。食材を組み合わせて食べると栄養の相乗効果がでるところが、サプリメントとは違った食べ物の魅力です。

CHEESE | チーズ

カマンベールチーズ
生ハムで包んだカマンベールのソテー

どこのスーパーでも売っているカマンベールチーズを焼いてみました。芯は少しかたいけれど、まわりはとろりととろけるように火を入れます。生ハムにおいしそうな焼き色がつけばでき上がり。カマンベールの新しい味に出会えます！

カロリー 308 kcal　たんぱく質 12.8 g　糖質 0.7 g

2人前

カマンベールのソテー
　カマンベールチーズ
　　（100g・直径8cm）　1個
　生ハム　5枚
　バジル　8枚
　オリーブ油　大さじ2
グリーンサラダ

1　生ハムは中心を重ねて放射状に並べます。

2　中心にバジルの葉を散らし、カマンベールチーズをのせます。

3　生ハムをカマンベールチーズにかぶせて包みます。

4　フライパンにオリーブ油をひいて、3を入れて、ヘラで押しつけながら中火〜弱火で焼きます。

5　おいしそうな焼き色が均等についたら裏返します。チーズのまわりが柔らかくなって焼き色がついたらOK。グリーンサラダを添えて。

カマンベールチーズ

カマンベールチーズの
トマト煮込み

　自宅では具沢山のスープとパン、サラダというシンプルな食事がほとんどです。トレーニングで疲れたからだにしみわたるやさしい味です。

　チーズは温めるといくらでも食べられるようになります。

カロリー 500 kcal　たんぱく質 21.9 g　糖質 16.1 g

1人前

玉ネギ（みじん切り）　1/2個分
ニンニク（みじん切り）　1片分
オリーブ油　大さじ1
トマトジュース　200cc
塩・コショウ　各適量
カマンベールチーズ
　　（100g・直径8cm・8等分のくし形切り）　4切れ
バジル（せん切り）　3枚分

1 鍋にニンニクとオリーブ油を入れて弱火にかけます。

2 ニンニクの香りがたってきたら玉ネギを入れてしんなりとするまで弱火で炒めます。

3 トマトジュースを加えたら強火にします。ジュースが沸いたら塩、コショウで好みの味をつけてください。

4 一口大に切ったカマンベールを入れたスープボウルに、あつあつの3を注ぎます。せん切りのバジルを飾ってどうぞ。

ブルーチーズ
リンゴとブルーチーズ、クルミのサラダ

　フランスのポピュラーなサラダです。甘酸っぱいリンゴと塩味の強いブルーチーズには、苦みがあるみずみずしいアンディーブがよく合います。

2人前
- リンゴ（3mm厚さのくし形切り）　1/4個分
- **ブルーチーズ**（小さくちぎる）　80g
- アンディーブ（ざく切り）　1枚分
- ロメインレタス（ざく切り）　1枚分
- クルミ（粗く砕く）　60g
- ドレッシング
    - オリーブ油　大さじ4
    - レモン果汁　大さじ2
    - マスタード　大さじ2
    - ハチミツ　大さじ1
    - 塩・コショウ　各適量

1　ボウルにドレッシングの材料をすべて合わせて、泡立て器で混ぜます。

2　1がよく混ざったら、リンゴ、ブルーチーズ、アンディーブ、ロメインレタス、クルミを入れてさっくりと全体にからめます。

ブルーチーズ
ブルーチーズとチキンの煮込み

いつものクリームシチューにブルーチーズを加えるだけで
コクが出て、まったく違う味わいを楽しめます。

カロリー **841** kcal　たんぱく質 **48.4** g　糖質 **17.8** g

2人前（写真は1人前）

- 鶏もも肉（一口大）　300g×1.5枚分
- ブルーチーズ　80g
- レーズン　大さじ2
- 白ワイン　100cc
- 玉ネギ（薄切り）　1/2個分
- ニンニク（みじん切り）　小さじ1
- バター　30g
- 牛乳　大さじ4
- 片栗粉またはコーンスターチ　適量
- 塩・コショウ　各適量
- ブロッコリー

1 鶏もも肉を一口大に切って軽く塩をふります。フライパンにバターを溶かし、弱火で鶏もも肉を皮側から焼き始めます。

2 軽く焼き色がついたら裏返します。両面が軽く色づくまで焼いたら、一旦フライパンから取り出してやすませます。この時点で中は生でも構いません。

3 2のフライパンに玉ネギとニンニクを入れて弱火でゆっくりと炒めます。

4 しんなりとしたら白ワインを注ぎ、中火でしっかりと煮詰めます。

5 4に鶏もも肉を戻し、レーズンと牛乳、牛乳と同量の水を加えて15分間ほど中火で煮込みます。

6 鶏もも肉に火が通ったのを確認し、ブルーチーズを入れて溶かし、水溶き片栗粉で濃度をつけます。塩味はチーズから出るのでコショウだけで味を調え、ゆでたブロッコリーと一緒に器に盛ります。

シュレッドチーズ
豚こま肉とチーズのホットサンド

　おいしそうな焼き色をつけるために、びっくりするくらいたっぷりのオリーブ油を使います。ホットサンドメーカーがなくてもおいしそうにできました！ トレーニングで消費したカロリーは、なるべく良質のもので補いたいですね。そんなときにぴったりのホットサンドです。

カロリー	たんぱく質	糖質
749 kcal	24.6 g	47.7 g

1人前
玉ネギ（薄切り）　60g
豚こま肉　60g
ニンニク（みじん切り）　小さじ1/2
ミニトマト（半割）　3個分
一味唐辛子　少量
塩・コショウ　各少量
シュレッドチーズ　大さじ2
食パン（8枚切り）　2枚
オリーブ油　大さじ1＋大さじ3

たっぷりの油を使って、しっかりと上から平らに押しつけて均等に焼き色をつけます。

1 フライパンにオリーブ油大さじ1とニンニクを入れて弱火で熱して香りを出します。

2 香りが出てきたら玉ネギを入れて炒めます。

3 続けてすぐに豚こま肉を入れます。

4 豚こま肉の色が変わったらミニトマトを入れて炒めます。トマトの色が変わったら、塩、コショウ、一味唐辛子を好みの量だけ加えます。

5 食パンに炒めた4をのせます。

6 シュレッドチーズを散らしてもう1枚食パンをのせます。

7 上からしっかりと平らに押します。

8 多めのオリーブ油をひいたフライパンを弱火にかけて、7のパンを入れます。

9 底が平らな鍋や皿などを使って押し、均等に焼き色をつけます。

10 きれいに焼き色がついたら裏返し、オリーブ油を足して、裏側にも焼き色をつけます。

11 食べやすく半分に切って盛りつけます。

シュレッドチーズ
鶏むねのピッツァ仕立て

火が通りやすいように、薄く叩いた鶏むね肉をのせたピッツァ風。肉の繊維をほぐすとパサつきは抑えられますが、反面肉汁が流れやすくなります。そのおいしい肉汁をパンが吸ってくれる料理です。オーブントースターなら上火で10分間加熱すればOKです。

カロリー 320 kcal　たんぱく質 40.8 g　糖質 21.6 g

2人前（写真は1人前）

鶏むね肉　300g×1枚
ミニトマト（半割）　6個分
シュレッドチーズ　大さじ2
バジル　6枚
塩・コショウ　各適量
食パン（8枚切り）　2枚

1　鶏むね肉は皮をはいで、ラップフィルムではさみ、肉叩き（麺棒や空き瓶でも可）で薄く叩きます。

2　ラップフィルムをはずし、パンの大きさに合わせて鶏むね肉を切ります。

3　食パンの上に鶏むね肉をのせて、軽く塩、コショウします。

4　バジル、ミニトマト、シュレッドチーズをのせて、180℃のオーブンでじっくりと15分間焼いてください。

シュレッドチーズ
お家でチーズフォンデュ

具材は何でもOKですが、そのままで食べられる状態に準備して、あつあつのチーズをからめます。ジャガイモやパンは相性がよいのですが、食べすぎは禁物。グッとがまんして、肉や炭水化物の少ない野菜をたっぷり摂りましょう。

 カロリー 567 kcal　 たんぱく質 34.3 g　 糖質 4.0 g

※栄養計算は具材抜きの数字です。

2人前・直径14cmの鍋使用

シュレッドチーズ　300g
白ワイン　150cc
ニンニク　1片
コショウ　少量
焼酎やウィスキーなどの蒸留酒　お好みで
具材（それぞれ食べやすく切る）
　　サラミ、ウインナー、ベーコン
　　ジャガイモ（ボイル）、ミニトマト、
　　ブロッコリー（ボイル）、パン

1　こげないようになるべく厚手のフライパンかホーロー鍋などを用意し、鍋肌にニンニクの断面をこすりつけて香りを移します。

2　この鍋に白ワインを入れて沸かします。沸いたらチーズを少しずつ混ぜながら加えて、均一に溶かします。

3　コショウをふり入れて味を調えます。塩味は薄めのほうが飽きずに楽しめます。また蒸留酒を加えると風味が変わります。

4　具材をフォンデュ用の串（竹串でもよい）で刺して 3 につけてからめて食べます。

パルメザンチーズ

じゃこと大根の葉のチーズリゾット

美しい筋肉にはカルシウムが不可欠。大根は白い部分より葉のほうに多くミネラルが含まれています。捨てずに活用しましょう。塩もみした葉とジャコを合わせておくと、おむすびやパスタなどに応用できます。

 カロリー **404** kcal
 たんぱく質 **20.0** g
 糖質 **23.5** g

2人前（写真は1人前）

- ちりめんジャコ　50g
- ウインナーソーセージ（1cmの小口切り）　3本分
- 大根の葉（みじん切り）＊　100g
- 塩昆布　大さじ1
- 冷やご飯　100g
- 水　100cc
- オリーブ油　大さじ1
- 生クリーム＊＊　50cc
- パルメザンチーズ　大さじ2
- 塩・コショウ　各適量

＊大根の葉はみじん切りにして塩もみし、しっかりとしぼっておきましょう。
＊＊生クリームは牛乳80ccで代用可能です。

1. フライパンにジャコとウインナーソーセージ、大根の葉、塩昆布、水を入れて強火にかけます。
2. 沸騰したら冷やご飯を入れてほぐし、中火で軽く煮詰めてください。

3. 生クリームを入れて、全体がもったりとするまで煮詰めます。
4. 火を止めてパルメザンチーズ、オリーブ油を加えます。やさしく混ぜて盛りつけし、コショウをふります。

パルメザンチーズ
シーザーサラダ

　水分の多い葉野菜は、濃厚なソースで食べるとバランスがよいですね。ロメインレタスがないときはハクサイを使ってもおいしいですよ！

カロリー	たんぱく質	糖質
238 kcal	6.0 g	4.2 g

2人前
- ロメインレタス（ざく切り）　1枚分
- ベーコンスライス（細切り）　2枚分
- ミニトマト（半割）　4個分
- ピーマン（輪切り）　1個分
- ドレッシング
  - マヨネーズ　大さじ3
  - 水　大さじ1
  - パルメザンチーズ　大さじ2
  - ニンニク（みじん切り）　小さじ1/2
  - 黒コショウ　適量

1. ロメインレタスはざく切りにして冷水に浸け、水気をきっておきます。
2. フライパンに油をひかずにベーコンをカリカリになるまで炒め、油をきっておきます。
3. ドレッシングを合わせます。ボウルにマヨネーズを入れて水で薄め、そのほかの材料をすべて入れて混ぜます。
4. 3のボウルに1と2のレタスとベーコン、ミニトマトとピーマンを入れ、さっくりと混ぜます。
5. 皿に盛り、好みでたっぷり黒コショウ（分量外）を挽きかけてください。

YOGURT/MILK　｜ヨーグルト・ミルク

ヨーグルト
ラッシーの
フルーツバリエーション

　ラッシーはインドのヨーグルトドリンク。ヨーグルトを牛乳で割って、好みのフルーツやハチミツで甘みをつけます。私はプロテインパウダーで甘みをつけているので、たんぱく質をしっかり補給できる一石二鳥のラッシーを愛飲しています。

カロリー	たんぱく質	糖質
169 kcal	6.9 g	21.5 g

1人前
マンゴー＊　80g
無糖プレーンヨーグルト　100g
牛乳　80cc
ハチミツ　お好みで

＊フルーツはそのほかにイチゴ、バナナ、キウイ、ブルーベリー、リンゴ、オレンジ、モモ、洋ナシ、メロンなど。

1　マンゴーを適当な大きさに切り、そのほかの材料と一緒にミキサーに入れて回します。

2　粗めにして果実感を残しても美味。グラスに注いでどうぞ。

アーモンドミルク
スムージー

牛乳を飲みたくないときは、ライスミルクやアーモンドミルクを使います。ナッツをたくさん入れると腹持ちがよくなります。グラノーラと一緒に食べれば、バランスよく栄養補給できますよ。

※栄養計算はグラノーラ抜きの数字です。

1人前

スムージー
　アーモンドミルク　200cc
　小松菜　80g
　クルミ　50g
　ブルーベリー　80g
グラノーラ　適量

1　スムージーの材料をすべてミキサーにかけて回します。
2　グラノーラを添えてどうぞ。

BEEF | 牛肉

サーロインステーキ

　分厚い牛肉を上手に焼いてみましょう！　ここでは冷蔵庫から出したての肉でも上手に焼ける、失敗しない焼き方を紹介します。分厚いので強火でしっかり焼いたほうがいいと思ってしまいがちですが、最初はやさしく肉を温めるイメージで。ここでは3回に分けてゆっくり焼きましたが、もう少し薄めの肉でも2回焼きをしたほうがいいでしょう。焼き色は最後につけます。分厚い豚肉を焼く場合でも同じです。

　ステーキに合わせたオニオンソースは、ご飯との相性もバツグンですので、炭水化物を摂りたい方は、ご飯やゆでたジャガイモと一緒に食べてもいいでしょう。せん切りキャベツにもよく合います。

 カロリー 734 kcal　 たんぱく質 47.3 g　 糖質 11.2 g

1人前

牛サーロイン（厚さ2.5cm）　250g×1枚
塩・コショウ　各適量
サラダ油　大さじ2
バター　30g
オニオンソース　大さじ2
　玉ネギ（みじん切り）　50g
　ニンニク（みじん切り）　小さじ1
　醤油　大さじ2
　みりん　大さじ2
　カレー粉　少量
　バター　30g

1 冷蔵庫から出したての牛サーロインの両面に塩をふります。
▷ 塩の浸透圧でおいしい肉汁が流出しないように、焼く直前に塩をふりましょう。

2 手で塩をなじませてください。
▷ そのまま焼くと、塩粒が油で流れやすくなってしまいます。

3 フライパンにサラダ油とバターを入れて中火にかけます。
▷ バターを入れると、バターの泡の色で温度が判断しやすくなります。

4 写真のようにバターが溶けて泡立ってきたら肉を入れるタイミングです。

5 肉を入れると油の温度が下がるので、火を強めましょう。油が再び温まってバターの泡が小さくなったら火を弱めてください。

6 ムース状の細かい泡がなくならない程度の火加減をキープします。

7 1分半焼いたら裏返します。焼き色はつかなくてOKです。
▷ 肉に火を入れるというよりも、肉の内部まで温めるイメージです。

8 泡が大きくなってきたら火を強めてください。
▷ 泡が大きい状態はフライパンの温度が低く、細かくなると温度が高くなったという目安になります。

9 泡が細かくなってきたらフライパンの温度が高くなったということです。火を少し弱めましょう。

10 一旦肉を取り出して、1分半余熱で火を入れます。

11 肉を取り出す前の9と同じ火加減で2回目の焼きに入ります。

12 フライパンの温度が上がってきたら、フライパンを回して油の温度を下げます。1分半焼いたら裏返します。
▷ 同じ温度をキープしましょう！

13 油をスプーンで肉にかけながら焼きましょう。1分半焼いたら取り出して余熱で1分半火を入れてください。
▷ 熱い油をかけることで肉の上側の温度を上げます。また油の風味を肉につけることができます。

14 3回目の焼きに入ります。1分半焼いたら裏返してさらに1分半焼いてください。写真のようにおいしそうな焼き色がついているはず。
▷ 指で押したときの弾力を覚えておきましょう。押し返してくるような弾力が出たらOKです。

15 最後にコショウをふって3〜4分間やすませます。フライパンはソースに使うので、油だけ捨てて、洗わずにとっておきます。
▷ 焼く前にコショウをふると油の中に流れてこげやすくなるので、最後にふります。

オニオンソース

1 肉を焼いたフライパンは洗わずに、玉ネギとニンニクをこがさないように中火で炒めます。
▷ こがすと苦みが出てしまいます。

2 しんなりしたら、醤油、みりんを加えます。フライパンを回しながら加熱します。グツグツ沸いたらすぐに火を止めます。

3 アクセントにカレー粉で風味をつけます。

4 バターを入れて弱火で溶かします。沸騰させないように溶かし込みましょう。火を止めて、とっておいた肉汁を加えて混ぜます。
▷ バターを溶かし込むことで、ソースに濃度と風味がつきます。

> ステーキの展開

ステーキサンドイッチ BBQソース

　肉を加熱しすぎてしまったら、サンドイッチにしてみましょう。
冷たい状態ならばおいしく食べられますよ。

カロリー 885 kcal　たんぱく質 55.6 g　糖質 49.6 g

1人前
- サーロインステーキ（厚さ2.5cm）　250g×1枚
- レタス（グリーンカール）　2枚
- トマト（薄い輪切り）　2枚
- BBQソース（→24頁）　大さじ1
- 食パン（8枚切り）　2枚
- ピクルス（パールオニオン、キュウリ）

1　サーロインステーキを焼きます（→48頁）。粗熱が少しとれて肉汁がおちついたら、肉を斜めに薄く切ります。

2　食パンをトーストします。

3　トーストにした食パンの上に1のステーキをのせ、BBQソースをぬります。トマト、レタスを重ねてもう1枚の食パンではさんで軽く押します。

4　食べやすく包丁で切り分けて盛りつけます。ピクルスを添えて。

ステーキの展開

ステーキ丼

炭水化物を摂りたくない人はブロッコリーなどをご飯がわりにしてください。丼でご飯をガマンするのは、とてもツライですが、美しく強い筋肉をつけたいときは、炭水化物をグッと控えてください。

カロリー **746** kcal　たんぱく質 **47.8** g　糖質 **11.3** g

※栄養計算はご飯を抜いた数字です。
5頁を参照して加えてください。

1人前
サーロインステーキ（厚さ2.5cm）　250g×1枚
オニオンソース（→48頁）　大さじ2
ご飯
カイワレ大根、大葉（せん切り）、白ゴマ

1　サーロインステーキを焼いて（→48頁）オニオンソースを用意します（→51頁）。

2　ご飯を器に盛り、ステーキを切り分けてご飯にのせます。オニオンソースをかけて、カイワレ大根、大葉を添え、白ゴマをふります。

牛こま肉
ハヤシライス

　牛こま肉は火を入れすぎるとアッという間にかたくなってしまいます。この料理のポイントはスピード感です。手早く一気に仕上げましょう！　糖質を制限している方は、ご飯のかわりにブロッコリーやカリフラワーにかけてください。

カロリー 422 kcal / たんぱく質 24.3 g / 糖質 27.3 g

※栄養計算はご飯を抜いた数字です。
5頁を参照して加えてください。

2人前（写真は1人前）

牛こま肉　200g	醤油　大さじ2
玉ネギ（薄切り）　1個分	パプリカパウダー　小さじ1
シイタケ（薄切り）　3個分	強力粉　小さじ1/2
トマト（角切り）　1個分	塩・コショウ　各適量
トマトジュース　200g	サラダ油　大さじ2
ウスターソース　80g	ご飯

1. 牛こま肉をボウルに入れてほぐし、塩、コショウを加えて、パプリカパウダーをふります。

2. 強力粉を加えて、まんべんなくもみ込みます。このまま2分間おきます。

3. フライパンにサラダ油大さじ1を入れて熱し、肉を入れて軽く色がつくくらいまで強火で炒めます。
▷ あまり肉を動かさずに焼いてください。ここでは焼き色をしっかりつけるのが目的です。

4. 木ベラでさっくり混ぜたら、またしばらく動かさずに焼きます。8割程度まで焼けたら、ボウルに取り出しておきます。

5. フライパンに大さじ1のサラダ油を入れて熱し、シイタケと玉ネギを中火で炒めます。

6. 少ししんなりしたらトマトジュース、ウスターソース、醤油を入れて強火にします。グツグツ沸いたらトマトを入れます。

7. 一煮立ちしたら牛肉を戻します。

8. 煮汁が煮詰まってとろみがついたら味をみて、足りなければ塩とコショウを加えます。ご飯にたっぷりかけましょう。
▷ 牛肉にもみ込んだ強力粉でとろみがつきます。

BEEF | 055

牛こま肉

プルコギ丼

野菜炒め風にニンニクの芽や細切りのニンジン、大根などを追加すると、より栄養バランスがアップします。野菜は火の入れすぎに注意して。

カロリー 443 kcal / たんぱく質 26.0 g / 糖質 15.4 g

※栄養計算はご飯を抜いた数字です。5頁を参照して加えてください。

2人前（写真は1人前）
- **牛こま肉** 180g
- **ニラ（ざく切り）** 1/2束
- **シイタケ（細切り）** 4個
- **長ネギ（斜め薄切り）** 1/2本
- **モヤシ** 1袋
- **ゴマ油（炒め用）** 大さじ1
- **漬け汁**
  - 醤油 大さじ2
  - みりん 大さじ2
  - コチュジャン 大さじ1
  - ハチミツ 大さじ1
  - おろしショウガ 小さじ2
  - おろしニンニク 小さじ1
  - ゴマ油 大さじ2
- **ご飯**
- **卵黄** 2個分

1. すべての漬け汁の材料をボウルで混ぜます。ここに牛こま肉を入れてもみ込みます。漬け時間をとる必要はありません。
2. フライパンにゴマ油（炒め用）をひいて熱し、漬け汁に浸けた牛肉を汁ごと入れて強火で炒めます。
3. 軽く色が変わったら野菜類をすべて入れ、歯ごたえが少し残る程度まで炒めます。プルコギのでき上がり。
4. ご飯を丼に盛り、プルコギを盛り、中央に卵黄をのせます。お好みで唐辛子やコチュジャンを添えます。

牛こま肉
牛丼

カロリーを抑えたいときは、木綿豆腐を加えてかさ増ししてみてください。ご飯少なめでも、満腹感があります。

※栄養計算はご飯を抜いた数字です。
5頁を参照して加えてください。

2人前（写真は1人前）

牛こま肉　200g
糸コンニャク　60g
玉ネギ（2mm厚さの薄切り）　1個分
シイタケ（薄切り）　4本分
塩昆布　大さじ1
醤油　50cc
みりん　50cc
おろしショウガ　小さじ2
ご飯

1 糸コンニャクは食べやすい長さにハサミで切って、熱湯でゆでこぼします。
2 鍋にみりんと醤油、おろしショウガ、塩昆布、シイタケ、糸コンニャクを入れて強火で煮立てます。
3 煮立ったら玉ネギを入れて弱火で煮込みます。玉ネギがすき通ったら牛こま肉をほぐしながら入れて、強火でサッと煮ます。
4 ご飯を器によそい、3をのせます。お好みで温泉卵などを落とせば、よりマッスルです。

牛挽肉

筋肉に効く ビーフハンバーグのトマトチーズ焼き

ハンバーグはソースを用意するのが面倒ですね。そんなときはソースなしでシンプルに肉の味を楽しめるチーズ焼きがおすすめ。チーズをのせるのでたんぱく質がさらにアップ！

カロリー	たんぱく質	糖質
533 kcal	43.7 g	4.1 g

2人前（写真は1人前）

ハンバーグの種
- 牛挽肉（赤身） 350g
- 卵 1個
- 牛乳 大さじ1
- 生パン粉* 大さじ1
- ナツメグパウダー 少量
- 醤油 大さじ1
- 塩・コショウ 少量

- サラダ油 大さじ2
- トマト（5mm厚さの輪切り） 2枚
- 溶けるチーズ 2枚
- グリーンサラダ 適量

*生パン粉は牛乳に浸しておきます。

1 ボウルに牛挽肉、卵、牛乳に浸した生パン粉、ナツメグ、醤油、塩、コショウを加えます。

2 粘りが出るまでしっかりと手でこねます。種をボウルに打ちつけて中の空気を抜きます。

▷ 残った空気が加熱で膨張し、隙間からおいしい肉汁が流れ出します。

3 手にサラダ油をぬって、2の種を2等分にして丸めます。両手で叩いて中の空気を抜きます。

4 小判型にまとめ、中央をくぼませます。

▷ 中央がふくらんでくるので、少しくぼませます。

5 冷たいフライパンに多めのサラダ油をひき、種を入れて弱火で加熱します。

▷ フライパンが熱いと、中に火が通るまえに表面がこげてしまいます。

6 フライパンの中の油を回しながら、焼き色をつけたら裏返します。

▷ 油を動かすと油の温度が均一になります。

7 両面に焼き色がついたら、オーブン皿に移してトマトをのせます。

8 溶けるチーズを1枚ずつのせて180℃のオーブンで7分間焼きます。

▷ 金串を刺してみて、中から透明な肉汁が出てくれば完成です。

牛挽肉

ミートソース

　牛挽肉たっぷりのミートソースは、スパゲティはもちろん、ラザニアなどにも応用できる便利なマッスルの素。挽肉は赤色が鮮やかで、脂肪が少ないものを選びましょう。煮詰めるときも浮いてくる脂を小まめにすくって除いてください。

　5日間は冷蔵保存できるので、たっぷりつくって、しっかり食べて筋肉つけましょう。

 カロリー 1614 kcal
 たんぱく質 84.8 g
 糖質 77.0 g

※栄養計算は全量の数字です。

つくりやすい分量

- 牛挽肉（赤身）　400g
- 玉ネギ　1/2個
- ニンジン　1本
- セロリ　1本
- ニンニク（みじん切り）　小さじ2
- オリーブ油　大さじ2
- トマトジュース　400cc
- 赤ワイン　500cc
- ハチミツ　大さじ2
- ローリエ　1枚
- 塩・コショウ　各適量

1

2

1　玉ネギを大きめの乱切りにして、フードプロセッサーにかけます。

2　みじん切りにして取り出します。

▷大型のフードプロセッサーならば、玉ネギ、ニンジン、セロリを一緒に回してもOKです！

3 ニンジンとセロリも同様にしてフードプロセッサーでみじん切りにしてボウルに合わせます。

4 鍋にオリーブ油を入れ、ニンニクをこがさないように弱火で炒めます。

5 ニンニクの香りが出たら3を入れて、中火で炒めます。
▷ 野菜から水分が抜けて充分甘くなるまで炒めます。

6 牛挽肉を入れて強火にし、木ベラでつぶしながらポロポロになるまで炒めます。

7 こんな感じに肉に火が入るまで炒めてください。

8 7にトマトジュース、赤ワイン、ハチミツ、ローリエを入れて強火で沸騰させます。

9 沸騰したら弱火で煮詰めていきます。火加減はこれくらい。

10 鍋底を木ベラでなぞると、少しだけ水分が残っているくらいまで煮詰めたら、塩、コショウして味を調えます。ミートソースの完成です。

ミートソースの展開

スパゲティミートソース

麺少なめでミートソースたっぷり。しっかり筋肉つけましょう！ ソースを食べてほしいので、スパゲティのかわりに春雨や豆腐にかけて糖質を抑えてもOKです。

1人前
ミートソース　80g
スパゲティ　60g
塩　適量
パルメザンチーズ　大さじ1

カロリー 421 kcal／たんぱく質 18.4 g／糖質 50.0 g

1. スパゲティを塩を加えた熱湯で指定時間通りにゆでます。
2. ミートソースをフライパンに取り分けて弱火で温め、ゆで上げたスパゲティを入れて、トングでササッと混ぜ、すぐに火を止めます。
3. 器に盛りつけ、パルメザンチーズをたっぷりふります。

ミートソースの展開

ムサカ

　ナスは油を吸うので、様子をみてオリーブ油を追加してもいいでしょう。より本格的な味にしたいときは、ミートソースにクミンパウダーとコリアンダーパウダーを多めに入れると、グッと個性的になります。

2人前
ミートソース　200g
ナス（輪切り）　2本分
オリーブ油　大さじ3
シュレッドチーズ　大さじ2

カロリー 422 kcal／たんぱく質 13.0 g／糖質 11.8 g

1. 耐熱性のグラタン皿の内側にオリーブ油をぬります。
2. ここにナスを並べて、上からミートソースをかけます。シュレッドチーズを広げてのせます。
3. 200℃のオーブンで15分間焼いたらでき上がり。ナスに火が入ればOKです！

ミートソースの展開

ラザニア

カロリー 318 kcal　たんぱく質 15.3 g　糖質 24.6 g

　めんどうで、むずかしそうなラザニア。でもホワイトソースさえつくってしまえば、あとは重ねて焼くだけです。炭水化物を制限している方は、スパゲティをゆでたアスパラガスやカリフラワー、サッと炒めたホウレンソウ、ズッキーニのスライスなどに変えてもいいでしょう。

3人前
- ミートソース　180g
- スパゲティ　60g
- バター　適量
- ホワイトソース
    - 牛乳　200cc
    - コーンスターチ　小さじ2
    - 塩・コショウ　各適量
- シュレッドチーズ　50g

材料はこれだけです。右からゆでたスパゲティ、ミートソース（上）、ホワイトソース（下）。

1

2

1　ホワイトソースを用意します。まず牛乳を沸騰させ、水溶きコーンスターチを加えます。
▷ 失敗のない簡単ソースです。

2　写真程度に濃度がついたら、塩、コショウで味を調えます。

3

4

3　グラタン皿の内側にバターをぬり、ゆでたスパゲティを少量広げます。

4　スパゲティの上にミートソースを均等に広げて、残りのスパゲティとミートソースをのせます。

5

6

5　最後にホワイトソースを広げます。

6　シュレッドチーズを重ねてしき詰めます。180℃のオーブンで15分間焼いて、おいしそうな焼き色がついたら完成です。
▷ オーブントースターを使う場合は、庫内を温めてから焼きましょう。

BEEF | 063

牛挽肉
タコスミート

日持ちの悪い挽肉も、加工すれば便利に使える常備菜に早がわり。おにぎりのご飯に混ぜるのが、競技中のお気に入りの補給食です。誰にでも食べやすいケチャップ味にしましたが、辛さが欲しい場合は、輪切りのタカノツメを加えるといいでしょう。

カロリー 1105 kcal ／ たんぱく質 81.4 g ／ 糖質 40.6 g

※栄養計算は全量の数字です。

つくりやすい分量
- 牛挽肉（赤身）　400g
- 玉ネギ（みじん切り）　1/2 個分
- ニンニク（みじん切り）　小さじ 1
- トマトケチャップ　120g
- 塩　小さじ 1/2
- 黒コショウ　適量
- サラダ油　大さじ 1

1　鍋にサラダ油を入れ、こがさないようにニンニクを炒めて香りを出します。

2　ここに玉ネギを入れて、強火でこがさないように炒めます。

3　玉ネギから水分が抜けて甘みが充分出たら、牛挽肉を入れてほぐします。

4　木ベラでつぶしながらボロボロになるまで炒めます。

5　塩、黒コショウ、トマトケチャップを入れます。グツグツしてきたら完成です。保存瓶に入れて 5 日間冷蔵保存可能です。

タコスミートの展開

タコスラップサンド

トルティーヤを用意しなくても、食パンをつぶせば簡単タコスができます。サルサソースがアクセント。携帯しやすいので、ランチバッグに入れておけばバランスのよい昼食になります。

 カロリー 415 kcal たんぱく質 16.7 g 糖質 27.5 g

2人前（写真は1人前）
タコスミート 70g×2
レタス（グリーンカール） 2枚
ミニトマト（半割） 4個分
アボカド（薄切り） 1個分
サルサソース 大さじ4
　赤玉ネギ
　　（みじん切り） 1/2個分
　セロリ（みじん切り） 1本分
　レモン果汁 2個分
　塩・コショウ 各適量
パクチー 適量
食パン（8枚切り） 2枚

1 食パンは麺棒やワインボトルなどで薄くつぶしてのばします。

2 ボウルにセロリと赤玉ネギ、レモン果汁、塩、コショウを入れてよく混ぜ、サルサソースをつくります。

3 ラップフィルムの上に、のばした1の食パンをおいて、レタスをしき、上にタコスミートを広げ、ミニトマトを並べます。

4 アボカド、パクチー、サルサソース大さじ2をのせます。

5 ラップフィルムを使って手前から具を包み込むようにして、しっかりと巻きます。両端をきっちりねじって折り込みます。

6 でき上がり。食べるときはラップを巻いたまま斜めにカットします。

豚ロース肉

ポークジンジャー

生姜焼きは豚こま肉でつくりますが、ポークジンジャーは厚切り肉で。厚切り肉はふっくら焼き上げるのがポイント。6割ほど焼けたらタレを投入。煮詰まるころにはちょうどよく火が入っています。

カロリー	たんぱく質	糖質
495 kcal	28.9 g	11.8 g

2人前
豚肩ロース肉（切り身）　150g×2枚
強力粉　適量
バター　20g
サラダ油　20cc
タレ
　醤油　50cc
　みりん　50cc
　ショウガ（みじん切り）　大さじ1
レタス（グリーンカール）

1 豚肩ロースの太いスジはハサミで切ります。
▷ スジを切らないと、加熱で縮んで肉が丸まってしまいます。

2 肉に強力粉をまぶして、余分な粉をはたいておきます。
3 フライパンにバターとサラダ油を入れて溶かします。

4 バターが泡立ってきたら肉を入れて強火にします。
▷ まず強火で表面の強力粉を固めます。
5 焼き色がついたら裏返します。油の泡ができないくらいの火加減をキープします。

6 一旦肉を取り出して、フライパンの油を捨てて戻します。合わせたタレを加えて沸騰させます。
7 スプーンでタレを肉にかけてからめます。豚肉にまぶした強力粉が溶け出して濃度がついたらでき上がり。
▷ タレに濃度がつくころには、肉にふっくらと火が入っています。

豚ロース肉

豚ロースのピカタ

ワンランク上の豚肉料理をつくりたいなら、ピカタです。
豚肉に加えて卵もチーズも摂れるので、一石三鳥ですね！

カロリー 568 kcal ／ たんぱく質 40.2 g ／ 糖質 9.1 g

2人前（写真は1人前）

ピカタ
- 豚ロース肉（切り身）　150g×2枚
- 強力粉　大さじ1
- パルメザンチーズ　大さじ1
- 卵　2個
- 塩・コショウ　各適量
- サラダ油　大さじ1
- バター　20g
- トマトケチャップ　大さじ1×2
- レモン　1/2個×2切れ
- ミズナ

1　豚ロース肉はスジを切り、包丁の背で叩いて薄くします。両面に軽く塩、コショウをします。

2　ボウルに卵を割り入れ、強力粉、パルメザンチーズを入れてよく混ぜて衣をつくっておきます。

3　フライパンにサラダ油とバターを入れて火にかけて熱します。バターが溶けたら2の衣を両面につけた1の豚肉を入れて弱火で焼きます。

4　何度か裏返して両面がキツネ色になったら取り出し、温かいところで3分間やすませて余熱で火を入れます。

5　ミズナをしいて、食べやすく切ったピカタを盛り、トマトケチャップとレモンを添えます。

豚こま肉
豚肉の生姜焼き

みんな大好き生姜焼き。でも豚肉は焼きすぎるとかたくなるし、ショウガはこげやすい……。簡単そうですが、おいしくつくるにはコツがいります。袋を使って全部を混ぜて、一気に炒めれば失敗も少なく、いつも同じ味に仕上がります。

カロリー 311 kcal　たんぱく質 22.5 g　糖質 14.1 g

2人前
生姜焼き
　豚こま肉　200g
　玉ネギ（薄切り）　100g
　おろしショウガ*　大さじ1
　醤油　50cc
　みりん　50cc
　サラダ油　大さじ1
　キャベツ（せん切り）　50g

＊チューブ入りでも可。

1　生姜焼きのすべての材料をジッパーつき保存袋（サイズ中）に入れて封をしてよくもみます。

1

2

3

2　このまま10分間おいてください。この間にせん切りキャベツを用意しましょう。

3　フライパンにサラダ油大さじ1をひいて熱し、袋の中身を入れます。
▷ 油がはねるので注意して、一気に入れてください。

4

5

4　フォークなどで混ぜながら強火で炒めてください。

5　玉ネギに軽く火が入り、肉の色が変わったら完成です。キャベツのせん切りをたっぷり添えてください。

豚こま肉
豚キムチ風

おどろくほど簡単で、ビックリするほど美味。キムチの乳酸菌は内臓に効きますよ！ 玉ネギとモヤシでボリュームアップ。

 カロリー 406 kcal
 たんぱく質 26.7 g
 糖質 14.8 g

2人前
- 豚こま肉　200g
- 白菜キムチ　200g
- 玉ネギ（薄切り）　1個分
- モヤシ　1袋
- ゴマ油　大さじ2
- 醤油　大さじ1

1 ジッパーつき保存袋（サイズ中）に豚こま肉と白菜キムチ、玉ネギを入れてしっかりともみ込みます。このまま3分間おいて味をつけます。

2 フライパンにゴマ油をひいて熱し、袋の中身を一気に入れて強火で炒めてください。

3 肉に火が入り、白っぽく色が変わったら、モヤシを入れてサッと炒め合わせます。

4 最後に醤油を回しかけて、すぐに盛りつけてどうぞ。

豚こま肉
ホイコーロー風

　エコノミーでヘルシーなうちのまかない食でよく登場するスタミナメニューです。野菜は好みでいろいろな種類を入れてビタミンアップしましょう。炒めすぎると野菜の食感がなくなってしまうので、手早く炒めてね。

1. 漬け汁の材料をすべてジッパーつき保存袋（サイズ中）に入れて、豚こま肉を入れしっかりともみ込んで5分間おいてください。
2. 合わせ調味料の材料を混ぜ合わせておきます。
3. フライパンにサラダ油を熱し、強火で1の豚こま肉を炒めます。肉の色が少し白く変わったら、キャベツとパプリカ、おろしたニンニクとショウガを入れて全体をサッと混ぜます。
4. 合わせ調味料を一気に入れて強火で炒め、豚肉に火が入ったらでき上がり。余熱で野菜に火が入りすぎないように、すぐに盛りつけて食べてください。

2人前
豚こま肉　200g
漬け汁
　醤油　大さじ1
　日本酒　大さじ1
　片栗粉　大さじ1
キャベツ（ざく切り）　1/4個分
黄パプリカ（乱切り）　2個分
サラダ油　大さじ2
おろしショウガ*　大さじ1
おろしニンニク*　大さじ1
合わせ調味料
　日本酒・みりん・醤油　各大さじ2
　オイスターソース　小さじ2
　豆板醤　小さじ1

＊みじん切りまたはチューブ入りでも可。

豚こま肉
冷しゃぶサラダ

暑い季節のトレーニングは、水分ばかり摂ってしまい、食欲が落ちてしまいがちです。そんなときはボリュームのある冷しゃぶサラダがいいですね。

 カロリー 179 kcal たんぱく質 17.5 g 糖質 9.3 g

2人前
豚しゃぶ
   豚こま肉　150g
   塩　少量
   片栗粉　大さじ2
キュウリ（せん切り）　1本分
トマト（薄い輪切り）　1個分
カイワレ菜　1パック
ポン酢　適量

1. 豚こま肉に軽く塩をふり、片栗粉を合わせます。
2. 手でさっくりとまんべんなくまぶします。

3. 鍋に湯を沸かし、沸騰したら2をほぐしながら広げて湯に入れます。
4. 再沸騰したらすぐに氷水にとって完全に冷ましてください。取り出して水気をふき、野菜の上に豚肉を盛りつけて、ポン酢をかけてどうぞ。

豚こま肉
酢豚風炒め物

豚の角切り肉は火の通し方がむずかしく、手間もかかりますが、こま肉を使えば、フライパン一つでサッとつくれます。調味料を前もって合わせておくと、よりスムーズにできますよ。

カロリー 468 kcal
たんぱく質 23.2 g
糖質 35.8 g

2人前
- 豚こま肉　200g
- 片栗粉　大さじ1
- バナナピーマン（ざく切り）*　2個分
- 黄パプリカ（ざく切り）　2個分
- ニンジン（乱切り）　1本分
- 玉ネギ（一口大）　1個分
- サラダ油　大さじ2
- 合わせ調味料
  - 醤油・みりん・酢・ハチミツ　各大さじ2
- 水　180cc

*薄緑色の細長いピーマン。普通のピーマンやパプリカで代用可。

1. 豚こま肉に片栗粉をまぶしてほぐし、余分な粉をはたいておきます。
2. フライパンにサラダ油をひいて熱し、野菜類をすべて強火で炒めます。
3. 野菜に火が通ったら、1の豚こま肉をほぐしながら入れます。
4. 肉の色が白っぽくなったら、合わせ調味料と水を一気に加えてください。
5. 豚肉にまぶした片栗粉が溶けて、濃度がついてきたら完成。

豚挽肉
肉みそ

愛知県出身のボクにとって味噌のない人生は考えられません。味噌の健康効果は世界的に注目されています。肉みそにしてご飯にのせたり、麺にからめたり……。積極的に味噌を食べて、内側からも外側からも美しいカラダをつくりましょう。

カロリー 1073 kcal　たんぱく質 69.3 g　糖質 53.8 g

※栄養計算は全量の数字です。

つくりやすい分量

豚挽肉（赤身） 300g
長ネギの白い部分（みじん切り） 1本分
おろしショウガ* 大さじ1
おろしニンニク* 大さじ1
豆板醤 小さじ1
味噌 大さじ1
醤油 大さじ2
日本酒 大さじ2
ハチミツ 大さじ2
ゴマ油 大さじ2

＊チューブ入りでも可。

1. フライパンにゴマ油をひいて中火で熱し、長ネギをこがさないように炒めます。
2. 香りが出てきたら豚挽肉を入れて、木ベラでほぐしながらパラパラになるまで炒めます。
3. おろしショウガとおろしニンニク、そのほかの調味料をすべて入れて炒めます。
4. 水分が煮詰まったら完成です。5日間冷蔵保存できます。

肉みその展開

麻婆豆腐

　肉みそさえあれば、材料の多い麻婆豆腐も簡単！　ご飯がすすんでしまいますが、グッとガマンして、豆腐をたくさん食べましょう。

カロリー	たんぱく質	糖質
589 kcal	38.3 g	30.7 g

2人前

- 絹漉し豆腐　1/2丁
- 肉みそ　74頁全量
- 水　250cc
- 片栗粉　小さじ1

1　絹漉し豆腐は水から取り出して水気をきります。

2　フライパンに肉みそを入れて、水でのばします。強火にかけます。沸いたら大きめに切った絹漉し豆腐を入れます。

3　再沸騰したら、同量の水（分量外）で溶いた片栗粉を加えて、ゆるめのとろみをつけます。再び沸いたらでき上がりです。

豚挽肉
お肉のパテ

　私の店の代名詞のパテを簡単レシピにアレンジしました。レバーや豚肉が中心のアスリートメニューにホウレンソウを加えて鉄分アップです。

カロリー **1034** kcal
たんぱく質 **127.6** g
糖質 **6.8** g

※栄養計算は全量の数字です。

つくりやすい分量

パテ

 豚挽肉（赤身）　300g

 ホウレンソウ（ボイル）　100g

 鶏レバー（ハツつき）　300g

 赤ワイン　50cc

 卵　1個

塩　7g

コショウ　3g

おろしニンニク*　大さじ1

グリーンサラダ、ミニトマト

マスタード

＊チューブ入りでも可。

1 フードプロセッサーにざく切りにしたホウレンソウを入れて細かくなるまで回します。

2 鶏レバーを入れて回します。

3 赤ワイン、卵、塩、コショウ、おろしニンニクを加えます。

4 ピュレ状になるまで回します。

5 豚挽肉に4を加えてよく混ぜます。

▷ フードプロセッサーが大型ならば、4に豚挽肉を入れて回してもOKです。

6 こんな感じです。

7 耐熱皿に6を流します。アルミホイルで上をおおって、200℃に予熱したオーブンで40分間焼きます。取り出して常温まで冷まし、冷蔵庫で1晩やすませます。

▷ 金串を中心に刺して串が熱くなっていればOKです。あとは余熱でじんわりと。

8 翌日のパテ。これを切り分けて、つけ合わせの野菜とマスタードを添えて。

豚挽肉
ミートボール

何個でも食べられそうなミートボールは筋肉のうれしい味方です。酢を多めに使うと疲労回復にもいいですね。

カロリー **491** kcal　たんぱく質 **25.8** g　糖質 **18.6** g

2人前

ミートボールの種
- 豚挽肉（赤身）　200g
- 卵　1個
- ドライパン粉　大さじ1
- ゴマ油　大さじ1
- 醤油　大さじ1
- 日本酒　大さじ1
- おろしショウガ*　小さじ1
- ハチミツ　小さじ1

片栗粉　適量
サラダ油　大さじ3

餡
- トマトケチャップ　大さじ2
- 酢　大さじ2
- 水　100cc
- 醤油　大さじ2
- ハチミツ　大さじ1

*チューブ入りでも可。

1. ミートボールの種をつくります。ボウルに豚挽肉を入れ、そのほかの材料をすべて加えて混ぜます。一口大に丸めて片栗粉を表面につけます。
2. 餡の材料をすべて混ぜ合わせておきます。
3. フライパンにサラダ油をひいて熱し、ミートボールをころがしながら表面を中火でまんべんなく焼きます。おいしそうな焼き色がついたら取り出しておきましょう。
4. 全部焼いたらフライパンの油を捨て、ミートボールを戻します。再び強火にかけて、餡の材料を一気に入れてください。
5. ミートボールの片栗粉が溶けて濃度がついてきます。しっかりと煮詰めて味を確認し、器に盛りつけます。

"BI-KIN" COLUMN
Vol.03

生と加熱、たんぱく質の変性によって体への効果は違う？

　たんぱく質の消化は胃と十二指腸で行われ、小腸で吸収されます。生と加熱、たんぱく質の変性がどのように影響するか、消化酵素のはたらきと胃の通過にかかる時間に分けてみてみましょう。

　たんぱく質は熱に弱く、加熱すると形が変わります。肉を炒めれば縮んで茶褐色になりますし、卵も固まります。この状態は、球状のたんぱく質がほどけて開くイメージです。加熱したほうが、消化酵素との接触部分が増えて消化しやすくなります。ステーキを食べるなら、レアよりウェルダン。卵は、生卵より加熱した卵です。小腸での吸収率は、生卵51〜65％、加熱した卵91〜94％というデータがあります。

●たんぱく質の熱変性　イメージ図

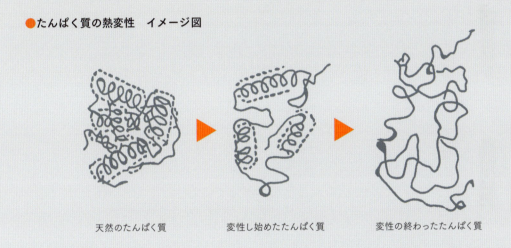

天然のたんぱく質　　変性し始めたたんぱく質　　変性の終わったたんぱく質

出典：「牛乳がわかる50問+3」社団法人日本酪農乳業協会（現：一般社団法人Jミルク）

　胃を通過するのにかかる時間は、生のほうが早いです。魚を食べるなら、焼き魚よりお刺身が早いです。卵は卵白と卵黄の性質が異なりますので、ちょっと複雑です。生の状態で卵白と卵黄が混ざり合うと、消化酵素の影響を受けにくいため消化しにくくなります。また、油を使った卵焼きや目玉焼き、固ゆで卵のように完全に固まったものは時間がかかります。胃の通過時間は、卵2個を食べた場合、半熟玉子1時間30分、生卵2時間30分、玉子焼き2時間45分、かたゆで玉子3時間というデータがあります。消化吸収は個人差があり、食べ合わせや体調にも左右されますので、目安にしてください。

　これらのことから、生と加熱を比較すると、加熱したほうが消化に時間はかかるけれど、生より吸収率が高いといえます。調理法の参考にしてください。
（山下圭子）

CHICKEN | 鶏肉

鶏もも肉
チキンオーバーライス

タンドリー風にマリネして焼いた鶏もも肉は、ターメリックライスとともにどうぞ。ニューヨークで大人気のメニューです。いかにもアメリカンなストリートフードですが、チキンをおいしく食べる味つけはバランスもよく、アスリート向き。サラダを添えれば栄養バランスもバッチリです。

 カロリー 770 kcal
 たんぱく質 31.8 g
 糖質 68.0 g

4人前（写真は1人前）
鶏もも肉（5cmの角切り） 300g×2枚
マリネ液
　無糖プレーンヨーグルト　150g
　レモン果汁　大さじ2
　おろしニンニク　大さじ1
　パプリカパウダー　小さじ1
　クミンパウダー　小さじ1
　醤油　大さじ2
サラダ油　大さじ1
ソース*
　無糖プレーンヨーグルト　60g
　マヨネーズ　60g
　トマトケチャップ　50g
　レモン果汁　大さじ2
　塩・コショウ　各少量
ターメリックライス**
　米　2合
　バター　20g
　ターメリックパウダー　小さじ1/2
　塩　1つまみ
レタス（ざく切り）、ミニトマト（半割）

*材料をすべてよく混ぜます。
**炊飯器に洗った米と分量どおりの水を入れ、そのほかの調味料を加えてスイッチを押して炊飯。

1 ボウルにマリネ液の材料をすべて入れます。
2 マドラー泡立て器でよく混ぜます。

3 鶏もも肉を5cmの角切りにします。
4 2に3の鶏もも肉を入れて混ぜ、15分間ほど漬け込みます。

5 サラダ油をひいた冷たいフライパンに汁気をきった鶏もも肉を重ならないように入れて、強火で焼きます。

6 汁気がなくなったら、残ったマリネ液を追加して、強火のまま水分をしっかり煮詰めてください。

7 ソースを用意します。ボウルにすべての材料を合わせて、よく混ぜます。

8 ターメリックライス。器に盛って上にレタス、トマト、6の鶏もも肉をのせて7のソースをかけます。タバスコなどをふってもいいでしょう。

鶏もも肉

鶏もも肉のカリカリ焼き ネギソース

　しっかり焼いたカリカリの鶏皮はフランス人の大好物。たっぷりの油で揚げ焼き状態にして脂を抜いていきます。やけどしないように気をつけて！　油がはねなくなるまで、フタをするといいでしょう。

2人前（写真は1人前）

鶏もも肉　300g×2枚

サラダ油　大さじ4

ネギソース*

　長ネギの白い部分

　　（みじん切り）　1本分

　おろしショウガ　大さじ1

　おろしニンニク　大さじ1/2

　日本酒　大さじ1

　酢　大さじ2

　ハチミツ　大さじ1

　ゴマ油　大さじ3

　すりごま　大さじ1

＊すべての材料をよく混ぜ合わせておきます。

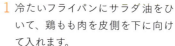
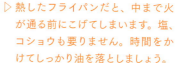

1　冷たいフライパンにサラダ油をひいて、鶏もも肉を皮側を下に向けて入れます。

▷ 熱したフライパンだと、中まで火が通る前にこげてしまいます。塩、コショウも要りません。時間をかけてしっかり油を落としましょう。

2　中火にかけ、ヘラで押さえながら均等に鍋肌にあてて、皮下の脂を落とすように焼いていきます。目安の時間は15分間。

3　皮においしそうな焼き色がついたら裏返して3分間ほど焼きます。

4　火を止めて、鶏もも肉を取り出して、余熱で3分間火を入れます。

5　カリカリに焼けた鶏もも肉を一口大に切ります。器に盛りつけて、ネギソースをかけます。

鶏手羽

鶏手羽元の糸こんにゃくフォー

　糸コンニャクで糖質オフしました。骨がついた鶏手羽からはおいしいだしがとれます。だしにも疲労回復物質イミダゾールジペプチドがたっぷり含まれていますので、残さずどうぞ！

2人前（写真は1人前）

鶏手羽元　10本
糸コンニャク　200g
ミニトマト　6個
おろしショウガ　大さじ1
おろしニンニク　小さじ1
ナンプラー　大さじ2
ハチミツ　大さじ1
水　1リットル
塩・コショウ　各適量
パクチー　適量

1　鶏手羽元は軽く水洗いして鍋に入れます。おろしショウガとニンニク、ナンプラー、ハチミツ、水を入れて強火にかけます。

2　沸騰したらアクと脂をすくいながら弱火で20分間煮てください。

3　熱湯でゆでこぼした糸コンニャクとミニトマトを2に入れて3分間ほど煮てください。味を確認し、足りなければ塩、コショウでおぎないます。

4　器に盛り、上から刻んだパクチーを散らして完成です。

鶏手羽
鶏手羽元と玉子の醤油煮

ゼラチン質豊富な鶏手羽は、筋肉だけでなく美肌にも効果あり。
まとめてつくっておくと、玉子に味がしみて、おいしくなりますよ。

3人前
鶏手羽元 9本
味つけ玉子醤油味（→25頁） 6個
醤油 100cc
ハチミツ 大さじ2
日本酒 80cc
おろしショウガ 大さじ1
水 180cc

1 鶏手羽元と味つけ玉子を重ならないように広口の鍋に入れ、そのほかの材料を加えて強火にかけます。
2 沸騰したら弱火にしてじっくりと煮込んで煮汁を煮詰めてください。
3 煮汁がとろりとしてきたら完成です。器に盛ってたっぷりどうぞ。

鶏むね肉

チャーシュー風サラダチキン

　プレーンタイプのサラダチキンは毎日食べると飽きてきます。そんなときは味つけ玉子の要領で試してみてください。1晩以上漬けると、味がしみておいしくなります。

カロリー 385 kcal　たんぱく質 70.9 g　糖質 8.4 g

2人前（写真は1人前）
鶏むね肉　300g×2枚
水　1リットル
長ネギ・ショウガ
　（ぶつ切り）　各適量
塩　6g
漬け汁
　醤油　50cc
　みりん　50cc

1 鶏むね肉は皮をはいで、肉と皮を鍋に入れて水を注ぎます。

2 ぶつ切りのショウガと長ネギ、塩を入れて火にかけます。

3 沸いたら火を止めて、冷めるまで常温でそのままおきます。サラダチキンのでき上がりです。

4 漬け汁をジッパーつき保存袋に移してサラダチキンを入れて空気を抜き、冷蔵庫で1晩以上漬けてください。

鶏むね肉

鶏むね南蛮

ボクの一番好きな鶏の食べ方です。カロリーは少々気になりますが、しっかり追い込んだ練習をしたあとのご褒美メニューです。

カロリー 1020 kcal　たんぱく質 72.9 g　糖質 23.5 g

1人前

鶏むね肉　300g×1枚
塩・コショウ　各適量
衣（卵1個、強力粉適量）
サラダ油　大さじ3
タレ*
　酢　50cc
　醤油　50cc
　ハチミツ　大さじ2
タルタルソース**
　マヨネーズ　大さじ3
　トマトケチャップ　大さじ1
　ゆで玉子（みじん切り）
　　1個分
　玉ネギ（みじん切り）　60g
レタス、黒コショウ

*材料をすべて混ぜておきます。
**材料をすべて混ぜておきます。

1 鶏むね肉は皮をはぎ、1cmほどの厚さのそぎ切りにして、塩、コショウで下味をつけます。

2 フライパンにサラダ油をたっぷり入れて火にかけて熱しておきます。

3 1の鶏むね肉を溶き卵にくぐらせて、強力粉をまぶし、熱したフライパンに入れます。

4 鶏むね肉の両面を中火でこんがりと焼いてください。肉に火が通ったらタレにくぐらせます。
▷ 薄く切っているので、短時間で火が通ります。

5 皿にレタスをしいて4の鶏むね肉を盛り、タルタルソースをかけます。黒コショウをたっぷりふってどうぞ。

鶏挽肉

鶏ミンチドライカレー

　つくりおき、冷凍保存もきくので、おなかがすいてすぐに食べたいときに助かるメニューです。市販のミックスビーンズ（水煮）を入れてもいいですね。

※栄養計算はご飯を抜いた数字です。
5頁を参照して加えてください。

2人前（写真は1人前）

ドライカレー
　鶏むね挽肉　400g
　玉ネギ　100g
　ニンジン　1本
　ピーマン　4個
　トマト　2個
　おろしショウガ　大さじ1
　おろしニンニク　大さじ1
　レーズン　大さじ2
　カレー粉　大さじ2
　醤油　大さじ3
　ハチミツ　大さじ2
　トマトケチャップ　大さじ2
　サラダ油　大さじ1
　塩・コショウ　各適量
ご飯またはターメリックライス

1　玉ネギ、ニンジン、ピーマン、トマトをフードプロセッサーでみじん切りにします。

2　フライパンにサラダ油を入れて1、おろしショウガとニンニク、レーズンを入れて弱火で充分炒めてください。

3　2に鶏むね挽肉を入れて、泡立て器や木ベラなどでほぐしながら炒めていきます。

4　肉が白くなって火が通ったらカレー粉、醤油、ハチミツ、トマトケチャップを入れて混ぜ、塩、コショウで味を調えます。

5　皿にご飯を盛り、4のカレーをのせます。

鶏挽肉
ガパオライス

　エスニック大好きなボクのお気に入りレシピです。お好みでパクチーをどっさりのせて食べるとヘルシーですね。

カロリー **693** kcal　たんぱく質 **59.6** g　糖質 **28.6** g

※栄養計算はご飯を抜いた数字です。5頁を参照して加えてください。

2人前（写真は1人前）

ガパオ
- 鶏むね挽肉　400g
- おろしショウガ　大さじ1
- おろしニンニク　大さじ1
- 玉ネギ（5mmの角切り）　100g
- 赤パプリカ（5mmの角切り）　2個分
- サラダ油　大さじ1
- バジル（ざく切り）　8枚分
- ナンプラー　大さじ3
- ハチミツ　大さじ2
- オイスターソース　大さじ1
- 塩・コショウ　各適量

ご飯

目玉焼き　2個×2

1 フライパンにサラダ油をひいて玉ネギ、おろしショウガ、おろしニンニクを入れて弱火で炒めます。

2 香りが出て、玉ネギがすき通ってきたら中火にして、鶏むね挽肉と赤パプリカを入れてほぐしながら炒めます。

3 鶏むね挽肉に火が通ったら、ナンプラー、ハチミツ、オイスターソースを入れ、ざく切りのバジルを加えてサッと混ぜます。塩、コショウで味を調えたらガパオのでき上がりです。

4 器にご飯を盛り、3を盛って目玉焼きをのせてください。

鶏挽肉

つくね風チキンハンバーグ

淡白な味わいの鶏挽肉のハンバーグは卵黄をくずして食べるので、濃いめの味つけにしたほうがいいでしょう。

468 kcal / 51.0 g / 15.1 g

2人前（写真は1人前）

ハンバーグの種
　鶏むね挽肉　400g
　おろしショウガ*　大さじ1
　醤油　大さじ1
　片栗粉　小さじ1
　卵白　1個分
サラダ油　小さじ1
タレ
　醤油　50cc
　みりん　50cc
　日本酒　50cc
大葉　2枚
卵黄　2個分

*チューブ入りでも可。

1　鶏むね挽肉におろしショウガ、醤油、片栗粉、1個分の卵白を加えて、手でしっかりと練って種をつくります。
▷フードプロセッサーを使うと、空気が細かく入り、均等に混ざるので、よりふんわり仕上がります。

2　サラダ油をひいたフライパンを中火で熱し、1の種を小判型に成形して焼きます。

3　両面に焼きめがついたらタレの日本酒と醤油、みりんを加えて煮立たせます。

4　タレがとろりとするまで煮込んだら、皿に盛ります。上に大葉をのせて、卵黄を落としてどうぞ。

鶏レバー
鶏レバームース

　デリブランド「ターブルオギノ」でも1、2を争う人気商品です。レバーのクセを取り除くために、ワインをたっぷり使います。バターの量が多いので、食べすぎに注意です！

カロリー 1542 kcal　たんぱく質 39.0 g　糖質 38.1 g

※栄養計算は全量の数字です。
ただしバゲットは計算外です。

つくりやすい分量

ムース
　鶏レバー*　200g
　赤ワイン　100cc
　ハチミツ　大さじ2
　バター（角切りを常温に戻す）　150g
　塩　6g
　コショウ　少量
バゲット（薄切り）　3枚

＊鶏レバーは軽く水洗いして水分をきっておきます。

1　フライパンにバター10g（分量外）を入れて中火にかけて溶かします。鶏レバーを入れて何度か裏返して強火でこうばしい焼き色をつけます。
▷焼き色をつけるのはレバーくささを抑え、コクを加えるのが目的です。

2　レバーの表面にしっかり焼き色をつけます。
▷中はまだ生でいいですよ！
3　火を止めて赤ワインとハチミツを入れて、再び火にかけ、水分がなくなるまで強火で煮詰めます。

4　これくらいまできっちり煮詰めましょう。
5　4をフードプロセッサーに入れてペースト状になるまでしっかりと回します。

6　バターを少しづつ入れてさらに回します。塩とコショウを加えます。
7　写真のようになめらかな状態になったら、保存容器に移します。容器をトントンと下に落として空気を抜き、密閉して冷蔵庫で保存。バゲットと一緒にどうぞ。

鶏レバー
鶏レバーの赤ワイン煮

レバーペーストに比べてカロリーが低いので、鉄分補給にしっかりと食べましょう。コショウを効かせるとおいしいですよ。

カロリー 219 kcal / たんぱく質 19.2 g / 糖質 19.2 g

2人前
- 鶏レバー　200g
- レーズン　大さじ1
- 赤ワイン　150cc
- ハチミツ　大さじ2
- 塩・コショウ　各適量

1. 鶏レバーは軽く水洗いして水分をきっておきます。
2. 鍋に鶏レバーとレーズン、赤ワイン、ハチミツ、塩、コショウを入れて、とろりとするまで中火で煮詰めていきます。
3. 最後に味をみて、足りなければ塩、コショウで調えて完成です。

"BI-KIN" COLUMN
Vol.04

どのようにトレーニングしたら効果的？

　美筋は、スリム派とムキムキ派ではトレーニング方法が変わります。スリム派は遅筋（赤い筋肉）を、ムキムキ派は速筋（白い筋肉）を鍛えます。簡単に2つの筋肉を比較してみましょう。

	スリム派 （遅筋：赤い筋肉）	ムキムキ派 （速筋：白い筋肉）
筋肉の増大	なし	あり
主な筋肉	ふくらはぎ、腕	太もも、腹筋、二の腕
得意分野	持久力	瞬発力
エネルギー代謝	有酸素	無酸素
	糖質代謝がきっかけとなり脂肪を燃焼	筋肉がもつエネルギー源と発生した乳酸を代謝
適した運動	マラソン、ジョギング	短距離走、筋トレ
トレーニング	軽い負荷で長時間	重い負荷で短時間

　どちらの筋肉もほぼ混在していますが、スポーツ選手の体を見ると、どの部位に速筋が多いか分かります。ムキムキとした大きな筋肉が速筋で瞬発力に優れています。白い筋肉といわれるように、白っぽい色をしています。また、スリムな筋肉が遅筋で持久力に優れ、赤い色をしています。

　筋肉の色は、食品で比べると分かりやすいです。鶏肉では、むね肉が白い筋肉（羽ばたく瞬発力）でもも肉が赤い筋肉（歩き続ける持久力）。たいやひらめが白い筋肉（ちょこまか泳ぐ瞬発力）、まぐろやかつおなどの回遊魚が赤い筋肉（泳ぎ続ける持久力）です。赤い筋肉の色はミオグロビンの色で鉄分を含みます。筋肉に運ばれてきた酸素を受け取ってエネルギーを作り出し、持久力の素になります。これが分かると、鉄分が多い食材選びのヒントになります。

　筋肉を成長させるには、負荷と食事と休養が大事です。負荷がかかって損傷した筋肉は、食事と休養により大きくなります。とくに重い負荷をかけたあとは2〜3日間の休養が望ましく、長距離の走り込みも週3〜4日のほうが持久力アップにはよいそうです。負荷をかけた筋肉が成長しますので、「まずは腹筋から」というように的を絞ってトレーニングすると、早く効果があらわれます。　　　　　（山下圭子）

LAMB | 羊肉

ラム肉

ジンギスカン

札幌の店を立ち上げるときによく食べたジンギスカン。自分でもびっくりするくらい沢山の肉をたいらげた気がします。その秘密は味つけにありました。

561 kcal　35.6 g　28.3 g

2人前

ラム肉（薄切り）　300g
玉ネギ（くし形切り）　1個分
キャベツ（ざく切り）　1/2個分
サラダ油　大さじ2
タレ*
　醤油　80cc
　ハチミツ　大さじ2
　オイスターソース　大さじ2
　おろしショウガ　大さじ1
　おろしニンニク　大さじ1
　玉ネギ　100g
　ニンジン　100g

*タレの材料をミキサーにかけてペースト状にして混ぜておく。

1 フライパンにサラダ油をひいて、ラム肉と玉ネギ、キャベツを入れて炒めます。
2 肉に火が通ったら、タレを入れて炒め合わせるか、小皿にタレを取り分けて後づけでどうぞ。

ラム肉
ラムチョップのスパイス焼き

牛肉でいえばロースにあたる部分です。柔らかくて味のある部位ですが、においが気になりますね。そんなときは、スパイスの力を借りましょう。

カロリー 581 kcal

たんぱく質 33.8 g

糖質 3.3 g

2人前
ラムチョップ 6本
マリネ液
　無糖プレーンヨーグルト
　　大さじ2
　レモン果汁 大さじ2
　おろしニンニク 小さじ1
　クミンパウダー 小さじ1/2
　パプリカパウダー 小さじ1/2
　コリアンダーパウダー
　　小さじ1/2
　醤油 大さじ1
レモン、パクチー

1 マリネ液の材料を混ぜ合わせて、ラムチョップにからめます。時間はおかなくていいです。

2 オーブンシートに1のラムをきっちり間を空けずに並べます。間を空けると肉のまわりがこげやすくなります。

3 2を200℃のオーブンで15分間焼いてください。レモンとパクチーを添えてどうぞ。

FISH | 魚

いわし
いわしとじゃがいものサラダ

イワシとジャガイモの相性はバツグンです。脂がのった秋から冬のイワシは本当においしくて、いくらでも食べられますね。でも、ジャガイモの食べすぎには要注意。ドレッシングの酸味が決め手です。

カロリー 425 kcal　たんぱく質 13.2 g　糖質 24.8 g

2人前（写真は1人前）

- イワシ（手開き）　2尾
- ジャガイモ　2個
- 玉ネギ（みじん切り）　50g
- マヨネーズ　大さじ2
- 塩・コショウ　各適量
- **ドレッシング＊**
  - 酢　大さじ2
  - オリーブ油　大さじ4
  - 塩・コショウ　各適量

＊材料をすべて合わせてよく混ぜます。使用時には再度よく混ぜてください。

1. 開いたイワシの両側に塩、コショウをふります。天板に並べて220℃のオーブンで6分間加熱します。
2. ジャガイモをキッチンペーパーの上にのせて、霧吹きで水をたっぷり吹きかけます。
3. 2をラップフィルムで包みます。600Wの電子レンジで10分間加熱します。
   ▷ スッと竹串が通ればOKです。
4. 取り出して熱いうちに皮をむきます。
   ▷ 皮は縦ではなく横にクルクルむくとむきやすいですよ。
5. ジャガイモをボウルに入れてフォークで粗くつぶし、玉ネギとマヨネーズ、塩、コショウで味をつけます。
6. 皿に5を盛り、1のイワシをその上にのせ、コショウをふって、上からドレッシングをかけます。

イワシを手開きしてみよう！

1. イワシは1枚に開きます。腹を上に向けて、エラブタの中に指を入れてねじるようにして頭をちぎります。

2. 肛門から指を入れて頭のほうに向かって腹を裂きます。
3. 背骨に沿って指で内臓をしごいてはずします。一旦腹の中を水洗いして水気をふきましょう。

4. 親指で腹側を尾のほうまで裂きます。
5. 中骨の上に指を入れて片身をはずして開きます。
▷ 多少身がくずれても気にしない！

6. 腹の部分の曲がった骨もはずします。
7. 片身から骨をはずした状態。身を開きます。

8. 持ちかえて中骨の下に指を入れて尾から頭に向かって骨をはずします。腹骨もはずしてください。
9. 中骨をはずして1枚に開きました。ヒレぎわに残った骨も取り除いておきます。
▷ 食べたときに口に残らないようにしましょう。

さば
さばとトマトのチーズグラタン

青魚は栄養価も高く、白身魚に比べて脂がのっていて旨みもあるので主役にできる食材です。グラタンや煮物などに野菜を合わせれば、バリエーションが広がります。

416 kcal　27.3 g　11.0 g

2人前
- サバ（3枚おろし）　半身1枚
- ミニトマト（半割）　5個分
- 玉ネギ（薄切り）　1個分
- オリーブ油　大さじ2
- 塩・コショウ　各少量
- シュレッドチーズ　大さじ2

1　サバは残っている骨を取り除き、一口大に切って塩、コショウをふります。

2　玉ネギは繊維を断つように薄切りにし、オリーブ油をひいたフライパンに入れて火にかけ、中火で茶色くなるまで炒めて、塩、コショウで下味をつけておきます。

3　グラタン皿に2の玉ネギを広げてしき、その上にサバとトマトをのせて、シュレッドチーズを均等にふります。

4　上からオリーブ油（分量外）をかけて、220℃のオーブンで20分間焼きます。あつあつをどうぞ。

さんま
さんまの蒲焼き丼

ウナギは高くて手が出ませんが、サンマだって負けないくらいおいしくて、ウナギ以上に栄養バランスがよい魚です。照り焼きにしてどうぞ。イワシやサバにかえてもおいしくできますよ。

カロリー	たんぱく質	糖質
449 kcal	17.3 g	15.1 g

※栄養計算はご飯を抜いた数字です。
5頁を参照して加えてください。

2人前（写真は1人前）

蒲焼き
- サンマ（手開き）　2尾
- サラダ油　大さじ2
- 醤油　大さじ4
- みりん　大さじ4
- 日本酒　大さじ4
- 片栗粉　少量

ご飯

粉サンショウ　少量

1. サンマは頭を包丁で切り落とします。腹側の身が薄いところに指を入れて手で裂き、内臓と中骨をきれいに取り除いて身を開き、水洗いします（手開き）。
2. 水気をふいて両面に片栗粉をまぶして余分な粉をよくはたきます。
3. サラダ油をひいたフライパンを熱してサンマを入れて、弱火でこんがりと焼きます。焼き色がついたら裏返します。
4. 両面色よく焼けたら油を捨てて、合わせておいた醤油、みりん、日本酒を入れて、中火で煮詰めながら軽く煮込みます。
5. とろりと濃度がついたらご飯にのせます。サンマが大きい場合は半分にカットするといいでしょう。好みで粉サンショウをふってどうぞ。

まぐろ
まぐろづけ丼

切り身をづけにすると、水分が抜けて身が締まり、旨みが凝縮します。マグロだけではなく、ブリや白身魚でも同様にづけにできます。いろいろな魚介を混ぜてもいいでしょう。

カロリー	たんぱく質	糖質
174 kcal	30.3 g	2.0 g

※栄養計算はご飯を抜いた数字です。
5頁を参照して加えてください。

2人前（写真は1人前）
マグロ赤身（小角切り）　200g
ちりめんジャコ　大さじ2
大葉（せん切り）　6枚分
漬け汁
　醤油　大さじ4
　白ゴマ　大さじ1
　おろしショウガ　小さじ1
　おろしニンニク　小さじ1
ご飯

1　ボウルに漬け汁の材料を入れてよく混ぜ、マグロを10分間ほど浸けます。
2　丼にご飯を盛り、軽く汁気をきったマグロを並べてください。上にジャコと大葉を添えて仕上げます。

まぐろ
ネバネバ丼

ねばねばする食材の健康効果は周知のところです。水溶性の食物繊維が豊富で整腸作用もあります。私もねばねば食材が大好き。お行儀が悪いですが、全部を混ぜると美味です。ご飯のかわりにおそばや素麺にのせてみてください。

カロリー 224 kcal
たんぱく質 33.0 g
糖質 10.1 g

※栄養計算はご飯を抜いた数字です。
5頁を参照して加えてください。

＊マグロの叩き

1 長ネギは縦に数本包丁で切り目を入れて小口からみじん切りにします。マグロは細かく切ります。
2 ネギとマグロを一緒に包丁で叩いてさらに細かく刻みます。

2人前（写真は1人前）
マグロの叩き＊
　マグロ赤身（みじん切り）　200g
　長ネギ（みじん切り）　30g
オクラ（小口切り）　3本分
長イモ（5mmの角切り）　100g
納豆　1パック
メカブ　1パック
大葉（せん切り）　3枚分
ご飯
醤油　適量

1 ご飯を丼に盛ります。
2 ご飯の上にマグロの叩き、オクラ、長イモ、納豆、メカブを彩りよく盛りつけます。大葉のせん切りを添えて香りをつけます。
3 食べるときに上から醤油をたらします。

まぐろ
ポキ

ハワイ生まれのマグロのおいしい食べ方です。サラダ風にレタスやアンディーブなどの葉野菜を入れるとボリュームアップします。

カロリー **332** kcal / たんぱく質 **20.1** g / 糖質 **7.3** g

2人前

- マグロ赤身（ぶつ切り）　150g
- アボカド　1個
- 乾燥カットワカメ　少量
- ミニトマト（半割）　6個分
- 赤玉ネギ（みじん切り）　50g
- タレ
  - 醤油　50cc
  - ゴマ油　大さじ1
  - ワサビ　少量
  - 白ゴマ　大さじ1

1. ワカメはお湯で戻して水気をしっかりきっておきます。
2. アボカドは縦半分に切って種を取り、皮をむいて角切りにします。
3. ボウルにタレの材料を合わせてよく混ぜ、マグロ、ワカメ、アボカド、ミニトマト、赤玉ネギを入れてさっくりと混ぜて盛りつけます。

まぐろ
アボカドユッケ

　本来ユッケは生の牛肉でつくるのですが、マグロの赤身でもおいしくできます。塩昆布で一味違う仕上りになりました。

2人前
- **マグロ赤身**（3mmの角切り）　100g
- **アボカド**　1個
- **塩昆布**　少量
- **コチュジャン**　小さじ1
- **ゴマ油**　大さじ1
- **卵黄**　1個分
- **醤油**　大さじ1

1 アボカドは縦半分に切って種を取り、皮をむいて角切りにします。

2 ボウルにすべての材料を入れてよく混ぜて盛りつけます。

さけ
塩鮭ドリア

　塩ザケは日持ちもよく、冷凍保存もきくので、常備しておきたいものです。焼魚だけではなく、ベーコンのような旨みの素としていろいろな料理に活用しましょう。

カロリー 533 kcal
たんぱく質 33.3 g
糖質 33.1 g

2人前

塩ザケ（切り身）　120g×2枚

玉ネギ（薄切り）　50g

バター　20g

強力粉　20g

牛乳　150cc

白ワイン　50cc

ご飯　100g

シュレッドチーズ　大さじ1

ミニトマト（半割）　4個分

塩・コショウ　各適量

1　塩ザケは骨と皮を取り除いておきます。

▷ 皮に身が残ったら、スプーンでこそげ取ってください。

2　鍋にバターを溶かし、玉ネギを入れて中火ですき通るまで炒めます。

3　玉ネギがしんなりしたら1の塩ザケを入れてほぐしながら炒めます。

4　サケがパラパラとしてきたら強力粉を入れて、中火のままサッと炒めます。

5　強力粉がなじんでから約1分間ほど炒めたら、白ワインを注いで強火で半分まで煮詰めます。

6　ここに牛乳を注ぎ、沸いたら火を弱めてグツグツ1分間ほど煮ます。

7　ホワイトソース状に濃度がつくまで煮詰めてください。必要なら塩とコショウで味を調えます。

8　グラタン皿にバター（分量外）をぬってご飯を広げ、ミニトマトをのせ、7をかけます。

9　シュレッドチーズをまんべんなく散らし、240℃のオーブンで15分間焼いたらでき上がりです。

FISH | 105

サーモン
サーモンとクリームチーズのパテ
カナッペ仕立て

ディルの風味がさわやかなサーモンのパテ。パーティなどで重宝します。パンがとまらなくなりそうですが、スティック野菜につければヘルシーです。

※栄養計算は全量の数字です。ただしバゲットは計算外です。

つくりやすい分量

パテ
 生サーモン（切り身）　100g
 クリームチーズ　60g
 ケイパー　大さじ1
 ディル　3本
 塩・コショウ　各適量
 レモン果汁　大さじ1
バゲット（薄切り）　3枚

1 サーモンは骨を抜いてラップをかけて電子レンジ（500w）で3分間加熱します。

2 フードプロセッサーにクリームチーズを入れて柔らかくなるまで回し、1のサーモン、ケイパー、ディルを加えてなめらかになるまでさらに回します。

3 最後に塩、コショウ、レモン果汁で味をつけて回します。密閉容器に移し、冷やし固めます。バゲットを添えて。

白身魚
アクアパッツァ

ヨーロッパの海沿いの街でよくつくられる料理です。野菜は生食できるものなら何を入れてもよく、魚介は種類を問いません。

カロリー 306 kcal / たんぱく質 26.1 g / 糖質 4.2 g

2人前
- タラ（切り身）　100g×2枚
- むきエビ　50g
- アサリ（砂抜き済）　80g
- マッシュルーム（半割）　10個分
- ミニトマト　5個
- 白ワイン　80cc
- バター（角切り）　40g
- レモン（薄い輪切り）　2枚
- ニンニク（薄切り）　1片分
- 塩・コショウ　各適量

1 テフロンのフライパンにバター（分量外）を薄くぬり、その上にニンニクを散らして、塩、コショウをふったタラの切り身を入れ、まわりにむきエビ、アサリ、マッシュルームを並べます。

2 ミニトマト、レモン、バターをバランスよく散らして白ワインを注いだら強火にかけます。

3 沸騰したら弱火にして落としブタをし、10分間中火で煮ます。

白身魚
蒸し魚のタイ風ソース

　ここではスズキを使いました。白身魚ならば何でも合うでしょう。くせがないのでソースを選びません。ソースを変えると料理のバリエーションが広がります。ラップをかけて電子レンジで蒸してもOKです。

2人前

白身魚（切り身） 100g×3枚
塩・コショウ 各適量
長ネギ（白髪ネギ*） 1本分
タイ風ソース**
　レモン果汁　1個分
　おろしニンニク　小さじ1
　ナンプラー　大さじ2
　ハチミツ　大さじ1
　一味唐辛子　適量
　パクチー（みじん切り）　3本分

*長ネギの白い部分を白髪のようにごく細いせん切りにして、水に放ったのち水気をきります。

**材料をすべてよく混ぜます。

1　白身魚は塩、コショウして皿に並べ、中火の蒸し器で3分間蒸します。

2　蒸し器から取り出し、タイ風ソースをかけて、白髪ネギをのせたらでき上がりです。

白身魚

たっぷり野菜と白身魚のエスカベッシュ

洋風南蛮漬です。魚の種類は問いません。アジでも白身でも赤身でも合います。
つくりおきができて保存も効くので、まとめてつくっておきましょう。

2人前
- タラ（切り身）　100g×3枚
- 玉ネギ（薄切り）　100g
- ニンジン（せん切り）　80g
- 赤ピーマン（せん切り）　1個分
- セロリ（薄切り）　1本分
- ニンニク（薄切り）　1片分
- 塩・コショウ　各適量
- 強力粉　少量
- サラダ油　適量
- 酢　50cc
- 白ワイン　80cc
- オリーブ油　大さじ2

1. タラは骨を取り除いて一口大に切り、塩、コショウで味をつけて強力粉を薄くまぶします。
2. フライパンを用意し、多めのサラダ油で揚げるように1の両面をこうばしく焼いてください。焼き色がついたら取り出してペーパータオルの上で油をきります。
3. 並行して鍋にオリーブ油を入れて中火でニンニクを炒めます。香りがたったら、そのほかの野菜類をすべて入れて、しんなりとするまで炒めてください。
4. ここに白ワインと酢を入れて沸騰させ、3分間ほど煮込んで味を調えます。
5. 4が熱いうちに焼きたてのタラを入れて浸けてください。20分間ほどそのままおいて、常温、もしくは冷やして食べます。

SHELLFISH/SHRIMP ｜貝・えび

帆立貝
ほたてのカルパッチョ グレープフルーツ添え

　魚介とフルーツ。意外な組み合わせですが、レモンがわりの酸味と考えれば納得ですね。甘みよりも酸味のあるイチゴやパッションフルーツなどのフルーツを使いましょう。

カロリー 163 kcal ／ たんぱく質 16.4 g ／ 糖質 12.8 g

2人前
- ホタテ貝柱　6個
- ミニトマト（4等分のくし形切り）　3個分
- 赤玉ネギ（みじん切り）　1/2個分
- グレープフルーツ（ルビー）　1個分
- オリーブ油　大さじ1
- マスタード　小さじ1
- 塩・コショウ　各適量

1 ホタテ貝柱は水分をきって横にそいで薄切りにします。皿に並べて、塩、コショウをふります。

2 グレープフルーツは皮をむいて果肉を取り出して食べやすく切り、ホタテの上にのせます。

3 ミニトマトと赤玉ネギを上に散らします。

4 残ったグレープフルーツの房から果汁大さじ1をしぼります。果汁にマスタードとオリーブ油を入れてよく混ぜ、3の上からかけます。

帆立貝

カルパッチョに熱いソースをかけて半生風に

刺身もいいですが、少し火を入れると旨みが出て、食感が変化します。熱いソースをかけるだけなので、余分な手間が省ける手軽な料理です。

カロリー **162** kcal　たんぱく質 **15.8** g　糖質 **4.0** g

2人前
ホテテ貝柱　6個
ソース
　ゴマ油　大さじ2
　ナンプラー　大さじ1
　ニンニク（みじん切り）　1片分
　パクチー（みじん切り）　3本分
　赤玉ネギ（みじん切り）　1/2個分
　レモン果汁　1個分

1 ホタテ貝柱は水分をきって横にそいで薄切りにして皿に並べます。

2 ソースを用意します。ゴマ油の中にそのほかの材料を入れて混ぜ、火にかけて温めます。

3 2が沸騰したら1のホタテにジュッとかけてどうぞ。

えび
えびとブロッコリーのグラタン

　エビは温めると香りが出ておいしくなります。チーズを加えるのでたんぱく質もアップ。ミニトマトを入れて一緒に焼いてもおいしいですよ。

カロリー 112 kcal　たんぱく質 12.4 g　糖質 4.3 g

2人前

- むきエビ　80g
- ブロッコリー（小房に分ける）　80g
- 牛乳　100cc
- 片栗粉　少量
- シュレッドチーズ　大さじ2
- 塩・コショウ　各適量
- オリーブ油　大さじ1

1 お湯を沸かし、塩少量を加えて、ブロッコリーを入れて40秒間ゆでます。

2 再沸騰したらむきエビを入れます。

3 再び沸騰したらブロッコリーとエビをザルにとって水気をきります。

4 牛乳を鍋に入れて火にかけます。沸いたら火を弱めて水溶き片栗粉を加えます。

5 ゴムベラで混ぜながら加熱し、この程度まで濃度がついたら塩、コショウで味をつけます。

▷持ち上げてたらすとポテッと落ちるくらいです。

6 グラタン皿にゆでたエビとブロッコリーをバランスよく盛ります。

7 5をかけ、シュレッドチーズをふります。オリーブ油を回しかけて220℃のオーブンで15分間焼きます。

SHELLFISH/SHRIMP

えび
えびとカリフラワーのミモザサラダ

エビマヨは定番のお惣菜ですが、カリフラワーとゆで玉子を足すことでボリュームが出て栄養バランスもアップしました。ブロッコリーやアスパラガスでもいいでしょう。

 カロリー 218 kcal たんぱく質 14.9 g 糖質 1.9 g

2人前
- **むきエビ** 80g
- **カリフラワー**(小房に分ける) 80g
- **ゆで玉子**(→20頁) 2個
- **マヨネーズ** 大さじ2
- **塩・コショウ** 各適量

1 むきエビとカリフラワーは沸騰したお湯でサッとゆでて水をきります。カリフラワーはかためにゆでてください。

2 ゆで玉子は手でつぶして(→26頁・ミモザサラダ)ボウルに入れます。ここに1のエビとカリフラワーを入れて合わせます。マヨネーズ、塩、コショウで味を調えたらでき上がり。

"BI-KIN" COLUMN
Vol.05

三世代をとおして

　成長期の子どもにたんぱく質が重要なことは、皆さんよくご存知だと思います。「寝る子は育つ」です。ぜひ、夜にピークを迎える成長ホルモンを有効に使ってください。
成長期には、からだを絞るための減量や無理なダイエットが問題です。女性の場合は月経がなくなったり、からだのリズムが狂います。食事とトレーニングの内容を見直し、場合によっては医療機関の受診をおすすめします。

　ここ数年「高齢者にもたんぱく質」が定着してきました。「高齢者は肉より魚が好き」という昔の定説もくずれ、実はお肉が好きという方が多いように感じます。たんぱく質がこれだけ話題になるのは、筋力の低下がQOL(生活の質)を下げるからです。
　からだの中で一番大きな筋肉は、太ももの裏の筋肉です。弱ってくるのもここからです。椅子から立ち上がるとき、どこに力が入るか感じてみてください。立ち上がれなくなると、自力でトイレに行くこともできなくなります。筋力が弱ると転倒リスクも増えます。また、食べるとき、飲むときも喉や舌の筋肉を使います。急にむせたりするのも筋力の低下です。全身の筋肉量は比例するようで、足の筋力が弱ると、喉や舌の筋力も弱ります。
　リハビリや筋トレの効果は、年齢を問いません。いくつから始めても効果があります。QOLを維持・向上させるためにも、美筋づくりは高齢者にも大切だと思います。

　働き盛りの若いうちは、自覚症状がないうえに仕事や育児におわれて、自分のからだをかえりみる機会が少ないと思います。ふつうに生活していると、筋肉は20代をピークにおとろえ始めます。なかなか意識しないことですが、食べ物を消化吸収する内臓も筋肉です。美筋づくりは、からだのなかも鍛えてくれます。

（山下圭子）

●筋肉量の20歳からの変化率

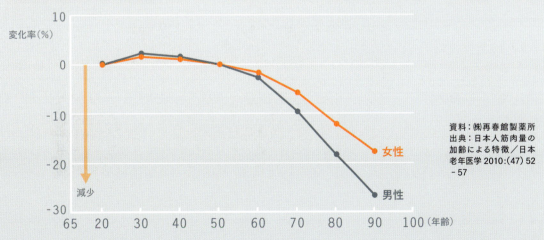

資料：㈱再春館製薬所
出典：日本人筋肉量の加齢による特徴／日本老年医学 2010:(47) 52-57

SOYBEAN/TOFU | 大豆・豆腐

カロリー 311 kcal / たんぱく質 17.3 g / 糖質 9.0 g

水煮

チリコンカン ソーセージ添え

　海外でも豆をおいしく食べる知恵はたくさんありますが、なかでもチリコンカンは食べやすくて手軽につくれる料理です。濃いめに味つけすれば、サンドイッチの具材にも向きます。

2人前

- 大豆水煮　200g
- ウインナーソーセージ
  （5mm厚さの小口切り）　3本分
- 玉ネギ（角切り）　100g
- おろしニンニク　小さじ1
- チリパウダー　小さじ1
- トマトジュース　200cc
- 塩・コショウ　各適量
- オリーブ油　大さじ1

1. 鍋にオリーブ油を入れてニンニクと玉ネギを弱火で炒めます。
2. 玉ネギがすき通ってきたら水気をきった大豆水煮、トマトジュースを入れて、ウインナーソーセージとチリパウダーを加えます。
3. 塩、コショウで味をつけ、中火で水分がなくなる手前まで煮詰めたらでき上がりです。

水煮

モロッコ風豆のサラダ

レモンとニンニク、パセリをたっぷり加えるのがポイントです。本来はヒヨコ豆を使うのですが、たんぱく質豊富な大豆にかえてパワーアップ！

カロリー **261** kcal　たんぱく質 **8.7** g　糖質 **13.7** g

2人前（写真は1人前）

- 大豆水煮　100g
- キュウリ（5mmの角切り）　1本分
- 赤玉ネギ（5mmの角切り）　1個分
- 赤ピーマン（5mmの角切り）　1個分
- セロリ（5mmの角切り）　1本分
- レモン果汁　1個分
- おろしニンニク　小さじ1
- 塩・コショウ　各適量
- オリーブ油　大さじ3
- パセリ（みじん切り）　大さじ1

1. ボウルに刻んだ野菜と大豆水煮を入れます。
2. ここにそのほかの材料をすべて加えて、よく混ぜたらでき上がりです。

水煮

豆のスープ チリ風味

大豆はどうしても単調な味になりがちです。そんなときはスパイスの力を借りましょう。辛味が好きな方は唐辛子を多めに入れてもおいしいですよ。これだけで食事になるバランス食です。

2人前（写真は1人前）

大豆水煮　150g

ベーコン（5mmの角切り）　50g

玉ネギ（5mmの角切り）　100g

セロリ（5mmの角切り）　50g

ニンニク（みじん切り）　1片分

チリパウダー　小さじ1

水　100cc

トマトジュース　200cc

塩・コショウ　各1つまみ

オリーブ油　大さじ2

1. 鍋にオリーブ油を入れてニンニクを弱火で炒めます。
2. 香りが出たらベーコン、玉ネギ、セロリを入れてさらに炒めます。
3. 少ししんなりしてきたら、チリパウダー、大豆を入れて水とトマトジュースを注ぎ、強火で沸騰させます。
4. 沸騰したら弱火で15分間ほど煮込みます。水が減ってきたら、そのつど、野菜がかぶるくらいの水（分量外）を足してください。塩、コショウで味を調えます。

豆腐
豆腐のディップソースと生野菜

マヨネーズに罪悪感を抱く人は少なくないはず。でもこのディップは豆腐ベースなのでご心配なく。少し水で薄めればシーザーサラダのドレッシングにも使えます。

※栄養計算は豆腐ディップのみの数字です。

つくりやすい分量
豆腐ディップ
　　木綿豆腐　150g
　　おろしニンニク　小さじ1
　　酢　大さじ2
　　オリーブ油　大さじ4
　　パルメザンチーズ　大さじ2
　　塩・コショウ　各適量
生野菜（セロリ、赤パプリカ、サニーレタス、トレヴィス、ミニトマト、ブラウンマッシュルーム、ニンジン、カブなど）

1　豆腐ディップをつくります。ディップの材料をすべてミキサーに入れてよく混ぜます。
2　食べやすく切った生野菜にディップを添えてどうぞ。

著者紹介

荻野伸也（おぎの・しんや）

1978年愛知県生まれ。
2007年東京・池尻に「フレンチレストランオギノ」を開店する。その後同店で人気の「パテドカンパーニュ」を主軸としたオンラインショップを開始。またレストランオギノのセカンドラインとして、スローフードをファストフード感覚で提供する「TABLE OGINO」を関東中心に展開している。
小さい頃からサッカーチームに所属するなど、身体を動かすことが好きで、30歳を機にロングトライアスロンを始めた。サーフィンの愛好者でもある。最近はトレイルランニングや登山などに入れ込んでいる。主な著書に『アスリートシェフのチキンブレストレシピ』（柴田書店刊）、『シャルキュトリー教本』『TABLE OGINOの野菜料理200』『レストランOGINOの果物料理』（ともに誠文堂新光社刊）、『ターブルオギノのDELIサラダ』（世界文化社刊）などがある。

レストランオギノ
東京都世田谷区池尻2-20-9
電話　050-3184-0976

[栄養指導・栄養計算]
山下圭子（やました・けいこ）

福岡女子大学卒業後、料理研究家村上祥子氏に師事。
現在は、福岡市の㈱日立博愛ヒューマンサポート「有料老人ホームフィランソレイユ笹丘」に勤務。これまでに『野崎さんのかさ増しダイエットレシピ』『アスリートシェフのチキンブレストレシピ』（ともに柴田書店刊）などに執筆。本書ではQOL（生活の質）の維持・向上における「食と筋肉」の重要性をわかりやすく解説。

参考図書：　『原書24版ハーパー・生化学』上代淑人監訳　丸善株式会社

アスリートシェフの美筋レシピ

初版印刷　2018年3月20日
初版発行　2018年4月1日

著者ⓒ　　荻野伸也（おぎの・しんや）

発行者　　丸山兼一

発行所　　株式会社柴田書店
　　　　　〒113-8477　東京都文京区湯島3-26-9 イヤサカビル
　　　　　電話　営業部 03-5816-8282（注文・問合せ）
　　　　　　　　書籍編集部 03-5816-8260
　　　　　http://www.shibatashoten.co.jp

印刷・製本　シナノ書籍印刷株式会社

本書収載内容の無断掲載・複写（コピー）・データ配信等の行為はかたく禁じます。乱丁・落丁本はお取替えいたします。

ISBN 978-4-388-06280-5
Printed in Japan

ⓒShinya Ogino 2018